Anonymous

Briefe eines preußischen Augenzeugen über den Feldzug des Herzogs von Braunschweig gegen die Neufranken

im Jahre 1792

Anonymous

Briefe eines preußischen Augenzeugen über den Feldzug des Herzogs von Braunschweig gegen die Neufranken
im Jahre 1792

ISBN/EAN: 9783742897138

Hergestellt in Europa, USA, Kanada, Australien, Japan

Cover: Foto ©ninafisch / pixelio.de

Manufactured and distributed by brebook publishing software (www.brebook.com)

Anonymous

Briefe eines preußischen Augenzeugen über den Feldzug des Herzogs von Braunschweig gegen die Neufranken

Briefe

eines preußischen Augenzeugen

über den

Feldzug

des

Herzogs von Braunschweig

gegen die

Neufranken

im Jahre 1792.

Tros Rutulusve fuat, nullo difcrimine
habebo!

Germanien, 1793.

Briefe
über den
Feldzug des Herzogs v. Braunschweig.

Erstes Pack.

„Die magischen Täuschungen, womit man bisher Andere und sich betrog, lassen sich nur in einem Nebel spielen; und gewaltsame Mittel — außer dem, daß sie eben so unbillig als verhaßt sind — beschleunigen in der That die fürchterliche Katastrophe, welcher man dadurch vorbauen will."

Neue Götter-Gespräche von Wieland,
S. 368.

A.

Vorbericht.

Der Verfasser dieser Briefe war ein Augenzeuge der Begebenheiten bey der preußischen Armee, der gerade nicht mehr, und nicht weniger von den Verfällen des Feldzuges des Herzogs von Braunschweig, im Jahr 1792. aufschrieb, als er selbst gesehen und erfahren hatte.

Er hatte nichts weniger im Sinne, als eine ausführliche und zusammenhängende Geschichte dieses unseligen Feldzuges zusammen zu tragen: aber seine Nachrichten sollten als Bruchstücke, doch ein nicht zu verachtender Behtrag zu dieser Geschichte

schichte selbst seyn. Aus dieser Rücksicht muß man sich es erklären, warum Manches, was würklich mit und bey den Preußen und deren Alliirten vorgefallen ist, sich in diesen Blättern nicht findet. Begebenheiten, bey denen unser Verfasser nicht zugegen war, hat er entweder nur kurz berührt, oder gar übergangen.

Die Hauptabsicht dieser Briefe ist, einen Beweis aufzustellen: daß der erste Plan des Herzogs von Braunschweig, Frankreich durch einen Angriff auf Paris zu überwältigen, Ludwig XVI. auf seinem Throne zu befestigen und dadurch Ruhe und Consistenz in dieses Reich wieder einzuführen, gescheitert ist, und daß unser König sowohl, als sein bevollmächtigter Heerführer, durch die falschen Vorspiegelungen der Emigrirten auf eine unererhörte und beynahe unglaubliche Art getäuscht und hintergangen sind. Und diebießen Beweis denkt er geliefert zu haben.

Das Publikum wird daher, wie der Verfasser sich im voraus schmeichelt, diese Briefe einer gütigen Aufnahme würdigen: und geschieht dieses, so soll — wenn anders der Verfasser am Leben bleibt — eine Fortsetzung geliefert werden.

Der freie, unbefangene Ton, welcher in diesen Nachrichten herrscht, wird Niemanden beleidigen: es ist der Ton der Wahrheitsliebe und der Unpartheilichkeit. Der Verfasser steht freilich im preußischen Dienste, aber er weiß doch recht gut, was er der Wahrheit und dem Publikum schuldig ist.

Das

Daß manche preußische Generale und Officiere, welche an Vorfällen, die beschrieben sind, Antheil gehabt haben, nicht genannt sind, geschah würklich aus Achtung gegen diese Männer, und nicht aus Unwissenheit, Uebereilung oder gar aus Menschenfurcht.

Uibrigens muß auch die Schreibart des Verfassers entschuldiget werden. Er schrieb in kleinen rauchrichten Stuben, unter stetem Getümmel der Soldaten: wo sollte da der edle Stil herkommen? Der Verfasser war schon zufrieden, die Thatsachen schlichtweg aufgezeichnet zu haben.

So viel und nicht mehr, schien zum Vorberichte nöthig zu seyn.

Erster Brief.

Sie verlangen von mir, mein Beßter, daß ich Ihnen die mannigfaltigen Erfahrungen mittheile, die ich im gegenwärtigen Feldzuge gemacht habe. Das ist nun für sich schon ein hübsch Stückchen Arbeit, welches nichts mehr erfordert, als einen Erzähler, der Kopf und Muse genug hat, eine recht interessante Unterhaltung aufzusetzen. Aber wenn ich mich auch über die Art der Beschreibung hinwegsetzen, und meinen Ton, meine Art vorzutragen, als hinlänglich schicklich ansehen wollte, so kommen mir doch andere Schwierigkeiten in den Weg, die ich nicht so leicht wegzuräumen vermag. Der Spektakel, welcher jetzt so viele große und kleine

kleine Akteurs und Zuschauer beschäftiget, und den man den französischen Patriotenkrieg nennet, kann von so vielen verschiedenen Seiten betrachtet werden, daß es dem Beschreiber allerdings schwer fallen muß, einen solchen Gesichtspunkt zu treffen, der wenigstens den meisten Lesern behage.

Als ein gebohrner guter Deutscher, und als Unterthan eines deutschen Monarchen, sollte ich wohl alles, was die Neufranken unternehmen, als schändliche Verbrechen aufstellen, und nach Art manches gedungenen oder Beförderungsbürftigen Journal- und Zeitungs-Schreibers in unserm lieben Deutschland, bey jeder Gelegenheit auf die Fränkische Nation schimpfen. Dehn würklich, man fängt schon an, das Schimpfen auf die Neufranfranken als ein wesentliches Stück des ächten deutschen Patriotismus anzusehen, und alles, was an und von Franzosen ist, mit den gehässigsten Farben abzumalen, nur um seine Liebe gegen das Vaterland und seine Ergebenheit gegen die Fürsten so im Schmauch zu erproben. Und dies gilt sogar von sogenannten vornehmen Herren! Neulich befand ich mich in einem Zimmer, wo viele von der Art beysammen waren, und über die französischen Angelegenheiten discurrirten. Ein junger artiger Mann bezeigte sein Misfallen, als ein anderer, die Franzosen immer **Buben, Flegel, Racker** u. s. w. schalt. Was geschah? Ein älterer angesehener Mann bestrafte den erstern mit den Worten: „das sind heillose Leute, mein Herr, die da nicht wollen die Franzosen gescholten wissen. Nur fluchs mit-

A 5 ge-

gescholten! — Und das sollte Patriotismus seyn! Sonderbar, daß der größte Theil der Menschen lieber Preußen, Oesterreicher, Hessen, Sachsen u. d. gl. seyn wollen, als — Menschen!! —

Andre hingegen, welche bey weitem nicht den kleinsten Theil unsers deutschen Publikums ausmachen, betrachten Alles, was seit fünf Jahren in Frankreich vorgieng, als die wohlthätigste Anstalt der Vorsehung, Europa vom Joche der Sklaverei zu befreien, und den Völkern ihre angebohrne Freiheit wieder zu erringen. Sie führen daher eine Sprache, die der Sprache der französischen Freiheitspatronen sehr nahe kommt. Und wenn schon der Ton dieser Herren seit dem Anfange des Krieges selbst, etwas behutsamer und leiser geworden ist, so sind doch ihre

Ge-

Gesinnungen und Grundsätze in dieser Rücksicht noch immer dieselben, ja vielleicht um so viel reger, um wie weniger man ihnen freyen Ausbruch und Umlauf zuläßt. Nichts reitzt mehr, als ein Verboth.

Wie soll ich es nun machen, mein Lieber, um keinen von beyden Theilen zu beleidigen, um so mehr, da ich voraus sehe, daß Sie meine Nachrichten durch den Druck bekannt machen werden? Ich bin wahrlich ein ehrlicher Deutscher, und ein recht gutgesinnter preußischer Unterthan: ich liebe mein Vaterland aufrichtig, und verehre unsern Friedrich Wilhelm, wie es ein Fürst verdient, der an Gutmüthigkeit und militairischer Popularität unter den heutigen Regenten vielleicht wenige seines gleichen hat. Allein ich bin
auch

auch Mensch, und als Mensch bewundre
und lobe ich auch recht aufrichtig vieles,
was meine Brüder, die Neufranken, zu
ihrer Entjochung und zur Begründung ih‑
rer Freiheit und Rechte unternommen ha‑
ben, und noch unternehmen: ja, ich lasse
ihnen sogar die Gerechtigkeit wiederfahren,
daß sie während des Krieges da manches
klug, vorsichtig, brav und großmüthig
ausführten, wo es unsern eignen Leuten
an Klugheit und Vorsicht zu mangeln
schien. Die Folge meiner Nachrichten
soll dieses näher ausweisen. Dieß in‑
deß soll mich nicht zum blinden Anbeter
der französischen Demokratie herabwürdi‑
gen: ich sehe manche Anstalten der Fran‑
ken als abscheulich, manche als abge‑
schmackt, manche als kindisch an, und
weiß insbesondere recht wohl, was ich
von einem Theile ihres jetzigen Militairs
zu

zu denken und zu urtheilen habe. Freilich bin ich als Preuße, der gerade gegen die Franken zu Felde liegt, nicht unpartheiisch: aber als Schriftsteller — will ich in meinen Nachrichten über sie und uns durchaus unpartheiisch seyn, und werde ohne alle Nebenabsichten, vieles an uns selbst tadeln und vieles im Gegentheil wieder am Feinde loben, das ich doch nicht ohne Widerwillen loben oder tadeln kann: das heißt, nicht ohne den Wunsch, daß die Sache sich anders verhalten möchte. Ich werde daher, so lange ich die Feder in der Hand habe, thun als wäre ich weder Deutscher noch preußischer Unterthan, und so kaltblütig bloß nach Sachen berichten, wie wenn ich nicht aus bitterer Erfahrung, sondern aus uralten Büchern meine Nachrichten schöpfte. Doch wozu ein Weiteres! ich gehe vielmehr zur Sa-

Sache selbst über. Der Verlauf meiner Berichte mag es ausweisen, ob ich Wort gehalten habe. Reflexionen und Raisonnements liefere ich vielleicht hintendrein. Erst Thatsachen: dann Ueberficht, Verbindung und Folgerung!

―――――

Der Reichenbacher Friede, den der König in Preußen 1790 mit dem Kaiser schloß, war der Grund eines genauen Bündnisses beyder Mächte, worüber alle Politiker in Europa stutzig wurden. Ein gewisser Schriftsteller sagte, dieser Friede sey, wie der Friede Gottes, über alle Vernunft erhaben; und andere kritisirende Politiker sahen ihn als eine ergiebige Quelle vieler merkwürdiger, aber auch für das Haus Preußen sehr nachtheiliger Fol-

Folgen an. Als im siebenjährigen Kriege der unkluge Ludwig XV. sich mit Oestreich verband, prophezeite jeder, der nur einige Kenntniß von Staats-Angelegenheiten hatte, vieles Unglück für Frankreich, und man betrog sich nicht. Wie vielmehr muß dieß von der östreichischen Allianz für ein Haus gelten, dessen ganze Macht von der Verringerung seines Bundesgenossen abhängt? Hier ist der Ort nicht, den Beweis einer Behauptung näher zu führen, deren Wahrheit so zu sagen in die Augen fällt, besonders, wenn man bedenkt, daß Sachsen in eben dieses Bündniß zu Pilnitz mit aufgenommen ist. Vor zweyhundert Jahren würde man hierbey gedacht haben, daß zwey erzkatholische Häuser die Absicht haben müßten, ein drittes Ketzerisches zu bekehren, und unter der Maske der Religion alle Leichtgläugläubigen —... Doch, was kümmert uns hier Rosenkreuzerey, Papst und Religion!

Eine der genannten Folgen dieses Bündnisses war der Feldzug der Preußen gegen die Neufranken. Vor einigen Jahren, als das gute Vernehmen zwischen dem Wiener und Berliner Hofe aufgehört hatte, und ein Krieg zwischen beiden Mächten auszubrechen begann, beschuldigte man den König von Preußen, daß er absichtlich, um dem Hause Oestreich wehe zu thun, die fränkischen Unruhen begünstigte. Man wollte sogar behaupten, daß ein großer Prinz, der mit dem Könige nahe verwandt war, die Ausgabe der französischen Schrift, Vie privée de Marie Antoinette, befördert oder gar selbst besorgt habe. Ich will nicht anführen, daß der

der große Mirabeau mit verschiedenen wichtigen Berlinern in vertrautem Briefwechsel gestanden hat. Genug, der König von Preußen schien noch vor zwey Jahren ein Freund der fränkischen Revolution zu seyn.

Ob eine solche Freundschaft für Preußen nützlich werden konnte, ist eine Frage, an deren Auflösung hier nicht viel gelegen ist, die ich aber aus guten Gründen gerne bejahte. — Aber, wie gesagt, Preußen machte mit Oestreich Friede, und erklärte sich bald hernach öffentlich als einen Gegner der neufränkischen Revolution. Man wußte bald in ganz Deutschland die Gesinnungen des Berliner Hofes; und verschiedene Fürsten, besonders die beyden Herren Kurfürsten zu Mainz und Trier begünstigten sehr thätig die französischen

B   Emi-

Emigranten, welche theils aus Unwillen über die Konstitution, theils um dem Gefängnisse oder gar dem Laternenpfahl zu entgehen, ihr Vaterland verlassen hatten, und nun Schutz und Aufenthalt in Deutschland suchten und fanden. Die beyden Königlichen Brüder, der Graf von Artois und der von Provence wohnten meistens in Coblenz, und der Prinz von Conde trieb sich in Worms herum. Jenes ist die Residenz des Kurfürsten von Trier, und dieses hängt vom Mainzer Stuhl ab.

Es ist nicht zu leugnen, daß die Emigranten viel Geld in diese und andere deutsche Städte gebracht und da verzehrt haben; aber sie haben auch viel Unheil gestiftet, und eine seltene Sitten=

tenlosigkeit eingeführt, von der ich Gelegenheit haben werde, mehr zu sagen.

Den Neufranken konnte es unmöglich gleichgültig seyn, daß eine Menge ihrer verzogenen Landsleute, welche in Frankreich wegen ihrer vorigen landesverderblichen Aufführung und nun wegen ihrer Flucht als Staatsverbrecher angesehen werden mußten, bey den deutschen Fürsten Schutz fanden, und von ihnen gleichsam unterstützt wurden, um Truppen zu werben, und sich in wehrhaften Stand zu setzen. Sie beschwerten sich deswegen zu verschiedenen malen theils bey den beschützenden Fürsten selbst, theils bey andern Reichsständen; aber umsonst.

Im Anfange des Jahres 1792 schien es, als wenn die Franzosen in Deutschland

land einbrechen wollten: einige deutsche Zeitungs- und Journalschreiber machten schon eine vollkommene Gewißheit daraus. Aber erst nach und nach rückten einige Corps heraus; jedoch ohne Nachdruck und Subsistenz: denn es lag Verrätherey im Hinterhalt.

In den Niederlanden geriethen die kaiserlichen Truppen zuerst in Drang: die Franken fielen da ein, und waren nicht selten glücklich. Sie suchten die Abneigung der dortigen Einwohner gegen das Haus Oestreich zu benutzen, und eine Insurrection wieder anzufachen, die kaum getilgt war. Die Uneinigkeit der Franzosen selbst machte einen auswärtigen Krieg nothwendig. Die Klügern unter ihnen sahen ein, daß erst dann Ruhe und Einigkeit in ihrem Vaterlande wie-

wieder zu erwarten seyn würde, wenn ihre Uneinigkeit sich auf einen ausländischen Feind concentrirte: und gerade schien der Kaiser hierzu der schicklichste Feind zu seyn. Er arbeitete ihnen auf allerhand Art und unter allerley Vorwänden entgegen, und war erschöpft durch Wahlen, Krönungen und Türkenkrieg.

Man glaubte indeß in Frankreich nicht, daß Preußen sich mit Oestreich gegen die Franzosen verbinden würde: man schloß aus politischen Gründen, daß Preußen des guten Verständnisses mit Oestreich ohnerachtet, doch niemals ein thätiger Freund einer Macht werden könnte, welche klein werden muß, wenn Preußen groß seyn soll. Aber die französischen Politiker irrten sich diesmal: der König von Preußen ließ wirklich im

Sommer des Jahres 1792. marschieren, und griff Frankreich erst allein, hernach verbunden mit Oestreich und Hessenkassel thätig genug an. Soviel zum Voraus!

Diesen Feldzug will ich jetzt beschreiben. Wohl mir, daß ich Preuße bin, und als Preuße ohne Furcht, bestraft oder angefeindet zu werden, manches frey heraus sagen und schreiben darf, was man in andern Diensten kaum zu denken oder leise zu reden erlaubt! Was allgemein bekannt ist, übergehe ich, oder berühre es nur kurz. Auch sehe ich nicht auf das Hergebrachte bey Briefen: mir ist es um Sachen zu thun; nicht um Form, und noch weniger um — Complimente.

Zweiter Brief.

Im Juni 1792. brachen einige preußische Regimenter auf, und zogen sich nach Coblenz, wo sie sich vereinigten. Das Heer bestund ohngefähr aus 50,000 Mann, und der regierende Herzog von Braunschweig erhielt das Oberkommando. Zugleich wurde diesem Prinzen das Kommando über die kaiserlichen und heßischen Truppen anvertraut, welche noch zu den Preußen stoßen sollten. Der König selbst mit seinen zwey ältesten Prinzen und einem Sohne des Prinzen Ferdinand von Preußen begleitete die Armee. Die Gegenwart des Königs flößte den Soldaten nicht wenig Muth ein, so wie die herablassende Güte dieses Monarchen das Urtheil bestätigte, das jederman von ihm längst gefällt hatte.

Die Regimenter waren nicht aus einer oder einigen Provinzen Preußens gezogen, sondern aus sehr verschiedenen, weit von einander entfernten Ländern. Es waren das Regiment **Herzberg** aus Glatz, das von **Thadden** aus Halle in Sachsen, das von **Kenitz** aus Königsberg in der Mark, das von **Romberg** aus Bielefeld, das von **Braunschweig** aus Halberstadt und so weiter. Das geschah, um keine Provinz ganz zu entblößen u. dgl. — Diese Armee war nun freilich nicht sehr zahlreich, indem sie kaum den vierten Theil der preußischen Truppen ausmachte: allein da die kaiserlichen und hessischen Truppen dazu stoßen sollten, so mußte es schon ein sehr ansehnliches Heer werden.

Der

Der König hatte bis Coblenz sehr gut für die Verpflegung seiner Truppen gesorgt: er ließ alle Tage gutes Brod und Fleisch unter sie austheilen. Außer diesem machten sich die Einwohner der Städte und Dörfer, wodurch wir marschierten, oder wo wir übernachteten oder ausruheten, dafür, daß wir ihrer Neugierde ein unterhaltendes Spiel lieferten, ein Vergnügen daraus, uns nach ihrem Vermögen gut zu bewirthen. Schon Plutarch sagt an einem gewissen Orte, daß das gute und reichliche Essen und Trinken dem Soldaten Muth und frohen Sinn mache. Das hab ich an unsern Leuten sehr oft wahr gefunden. Munter und froh war jeter bis nach Coblenz: Lachen und frohe Lieder hörte man überall: da wünschten viele, daß — wie sie sich ausdrückten — das Leben tausend

Jahre

Jahre so währen möchte! Die guten Leute dachten nicht weiter. Für meine Person war ich auch zufrieden und froh, ob ich mir gleich ganz andere Vorstellungen von den Dingen, die da kommen würden, machte, als die übrigen. Ich äußerte dann und wann meine Bedenklichkeiten und prophezeihte so allerley Böses; aber man überschrie mich, und machte sich alles so leicht, wie wenn eine einzige Eskadron oder Compagnie Preußen hinlänglich seyn würde, die Neufranken wieder zur Räson zu bringen. Mich verdrossen diese unreifen Urtheile nicht, weil sie von Leuten herkamen, die nicht im Stande waren, ein energievolles republikanisches Kriegesheer von einem Roßbachischen Prinzen- und Mätressenvölkchen zu unterscheiden, und die da meynten, wieder so etwas von
einem

einem Holländischen Käse-Krämer-Kriege vorzufinden. Die Zeit lehrt aber alles.

Unsere Marschroute übergehe ich: trockne Gerippe behagen niemanden — wenn gleich mancher Reisebeschreiber hieran nicht denkt — und meine Reisekosten habe ich vom König.

Wo wir hinkamen, fand ich manchen hellen Kopf und — was noch mehr ist — manchen braven Mann: und alle diese prophezeihten, wie ich, und nahmen die neufränkische Demokratie in Schutz. Die Schicksale Anderer interessiren uns um so mehr, je mehr sie mit unsern eigenen verknüpft sind.

Ohnweit Hadamar trafen wir die sogenannte Gensdarmerie francoise an, wel-

welche aus lauter Edelleuten bestand: es waren eitel Emigranten mit Säbeln versehen, wie weiland des großen Rolands Säbel Durindana genannt. Ich sprach mit einigen, und hörte bloß Großsprechereien, die mir eben nicht hohe Begriffe von dieser Gensdarmerie beibrachten. Der wahre Muth zeigt sich weder in Schimpfworten, noch in Großthuerei.

Um mir und einigen Andern durch Bücherlesen die Zeit zu verkürzen, gieng ich in die Coblenzer Buchläden, durchblätterte ihre Katalogen, und wunderte mich nicht wenig, daß ich alle neue vernünftigere Schriften gänzlich vermißte. Da lagen theologische Startefen, Gebetbücher, Katechismen und elende Romane in Menge; aber die Bücher unsrer guten Autoren waren nicht da: kaum

war

war Wielands goldener Spiegel, oder die Geschichte der Könige von Schefchian da. Ich sagte dem Buchhändler meine Meynung über seine Handelschaft gerade heraus; aber er gab mir zur Antwort: die Bücher, die ich verlangte, wären ja verbotene Bücher, die er nicht führen dürfte: man visitire jede Messe den Laden, und konfiscire alle verdächtige Artikel: Ueberdieß sey die Leserey in Koblenz und der Gegend herum nicht weit her: es verlohne sich daher die Mühe nicht, daß man auf die Einführung neuerer Bücher denke. Zudem sey die Welt jetzo schon schlimm genug: man müße die Freigeisterei nicht noch vermehren helfen u. s. w. Sie haben recht, mein Herr, versetzte ich: wo Glaube herrscht, da kann man der Vernunft entbehren, wie dieß große und
kleine

kleine Herren ausweisen — hier wie überall — und wo Wein, Liebe und Pfaffenthum zu Hause ist, was kümmerts einem da um — Bücher! — Ich verließ den Buchladen sehr mismüthig. Nach Lesebibliotheken hab ich auch gefragt; aber keine ausfragen können, ausgenommen bei einer alten Frau, die den Kaiser Oktavianus, die Magelona, den Eulenspiegel und andre Raritäten dieses Gelichters verleihte.

Ganz Koblenz war damals voll Franzosen. Es war von Regimentswegen verboten, mit den Emigrirten zu sprechen, allein dieses Verboths ohnerachtet wagte ichs gleich in den ersten Tagen, Bekanntschaft mit diesen Flüchtlingen zu machen. Ich fand sie so, wie ich sie gedacht hatte, als — lustige Brüder, die aus Haß gegen

gen die neue Einrichtung der Dinge, bei der sie ihre Rechnung nicht fanden, ihr Vaterland verlassen hatten, und sich mit der Hoffnung trösteten, bald zurück zu kehren, und dann unter dem Schatten der prinzlichen Flügel mit aller nur möglichen Insolenz wieder zu dominiren. Ich lenkte das Gespräch mehrmals auf Mirabeau, Lafayette und andre Revolutionisten; hörte aber Beschreibungen, wie sie bei Rachsüchtigen Mode sind. Von Mirabeau hörte ich, daß er wegen vieler Spitzbübereien habe sollen gehenkt werden, er habe sich aber mit der Flucht gerettet, (wie — sie.) Lafayette war ihnen ein Poltron ohne Herz und ohne militärische Kenntnisse: er sollte sich einst duelliren, aber der Muth fehlte ihm: er stellte sich daher nicht, und erhielt auf dem Hotel de Luxembourg zu Paris öffentlich

lich Nasenstüber. — Ich wußte recht gut, was ich von dergleichen Schilderungen denken sollte: sie machten mir eine sehr niedrige Idee von der Männlichkeit der Emigrirten. Wer seinen Feind durch entehrende Erdichtungen herabzuwürdigen sucht, verliert bey mir allen Glauben.

Sonst waren die Franzosen nach ihrer Landesart leichtsinnig und aufgeweckt: sie sangen und trallerten auf der Straße wie im Weinhause, und ließen sichs wohl seyn. Mit dem Frauenzimmer giengen diese Herren so frei um, als man nur kann: zweydeutige Reden hörte man immer, die nicht selten in recht grobe Zoten ausarteten. Die Sittenlosigkeit, welche die französischen Flüchtlinge in Worms und in der Pfalz eingeführt hatten, war auch unter ihrer Anführung in Koblenz

blenz eingeschlichen: besonders war das Frauenzimmer von ihnen in Grund und Boden verdorben. Diese heillosen Leute bezahlten ihre menus plaifirs mit schwerem Gelde: und da war es ihnen leicht, Eingang zu finden, wo sie nur wollten. Ich habe mir sagen lassen, daß sie für eine Nacht zwanzig Louisd'ors bezahlt haben. Wer will da widerstehen, zumal in einem Lande, wo alles auf kirchliche Seligkeit abzielt, und der Beichtstuhl Schurken und Huren wieder ehrlich macht? — Man nannte mir in Koblenz viele Damen, deren Umgang mit den Franzosen sehr ruchtbar geworden war, und zeigte mit Fingern auf andre, die man sogar auf der Gasse im vertrauten Umgange mit diesen Fremden ertappt hatte. Die Vornehmern und Großen unter diesen Emigrirten, die

C Prin-

Prinzen und andre hielten sich ordentliche Mätressen, welche ganz öffentlich für das bekannt waren, was sie in der That vorstellten.

Die Lebensart dieser französischen Kreutzfahrer war nicht so beschaffen, wie jene der Griechen und Römer, welche sich dann und wann auch aus Aerger über die Regierung aus ihrem Vaterlande entfernten. Es schien, als ob die Franzosen blos eine Lustreise nach Deutschland vorhätten: so üppig war ihr Betragen! Das Geld, das sie häufig mitgebracht hatten, schien ihnen kein Ende nehmen zu können: sie warfen es gleichsam weg, und bezahlten die Waaren übertheuer, und so hoch, als man es foderte. Ich habe mir erzählen lassen, daß sie für einen wälschen Hahn fünf große Thaler

ler gegeben, und das Pfund Butter mit zwey Gulden bezahlt haben. Sie machten demohnerachtet einen sehr starken Aufwand: ich bin mehrmals Zeuge gewesen von Küchenzetteln, welche sich auf zwölf bis sechzehn große Thaler beliefen. Die Herren, für welche dergleichen Zettel gemacht wurden, waren eben keine Prinzen, sondern simple Edelleute und Markis, welche sonst in ihrem Vaterlande kaum in einem Jahre das zu verzehren hatten, was sie in Koblenz und anderswo, in einem Monate ja in einer Woche verpraßten.

Woher die Franzosen das viele Geld bekamen — ist eine Frage, die ich nicht aufzulösen vermag. Man hat darüber verschiedentlich räsonnirt, da man gewiß wußte, daß sehr viele ohne alles Geld aus ihrem

ihrem Lande gelaufen waren. Einige behaupteten, sie würden von den Prinzen unterstützt; allein dieses Vorgeben ist deswegen ungegründet, weil die Herrn Prinzen, troß aller heimlichen Unterstüßung von ihrem Bruder dem Könige in Frankreich, und von andern fremden Mächten, doch so viel verthaten, und für ihre eignen großen und kleinen Bedürfnisse, so unbesonnen viel verschwendeten, daß es ihnen gar oft an Gelde mangelte. Vielmehr borgten die Prinzen selbst gern von ihren reichen Mitrittern. Ein gewisser Monsieur Grouard aus Rouen, der beträchtliche Summen mitgebracht hatte, erzählte mir selbst, daß er dem Prinzen Monsteyr 10,000 ich sage zehn tausend Franken — zum Spiel — an einem Abend geborgt habe: er werde aber davon nichts wieder erhalhalten: die andern Prinzen machten es nicht anders: es wären Bettelprinzen!

Das Vorgeben daß der Kaiser, der König in Preußen, und andre europäische Mächte für die Emigrirten Geld hergäben, um ihre Ausschweifungen und Prassereyen zu unterstützen, ist noch weniger gegründet. Ich bin wenigstens überzeugt, daß der preußische Hof den lockern Pagen keinen Kreuzer gereicht hat. Im Preußischen, besonders in Berlin hat es zwar nicht an Leuten gefehlt, welche wissen wollten, daß der König wer weiß wie viele Millionen den Emigrirten vorgestreckt und dadurch seine Schatzkammer geschwächt habe: allein der König in Preußen ist eben nicht so leichtsinnig, sein Geld in einen löchrigen Beutel hinzuwerfen: und ihm war es sehr wohl bekannt, wie löchrig der Beutel der

C 3 Emi-

Emigrirten ist! Der Kaiser kann, wie wir wissen, sein Geld auch nützlicher anbringen. Ich wüßte also nicht, woher diejenigen unter den Franzosen, welchen das Geld ausgieng, wieder einiges erhalten hätten, als entweder heimlich aus Frankreich von ihren zurückgelassenen Verwandten, oder von ihren miteinverstandenen Contrerevolutionisten, oder von solchen ausgewanderten Landsleuten, welche reichlich damit versehen waren.

Die dortigen Einwohner stießen sich indessen gewaltig an der üppigen Verschwendung dieser Franzmänner, ob sie gleich Geld über Geld dadurch einzogen. In Koblenz, Neuwied, Limburg und sonst wo hat man mir mit Verachtung und Abscheu erzählt, wie diese Sardanapalen sich Fußbäder aus Wein gemacht, und mit den

den Brosamen von Wecken oder Semmeln, wovon sie die Rinde abgeschält hatten, geworfen haben, und was dergleichen mehr war.

In Koblenz hat die Patrouille das Recht, jeden, den sie in einem zu freien Umgange mit einer Weibsperson antrift, nach der Wache zu bringen. Das war nun, wie man leicht denken kann, zur Zeit der Franzosen gar keine Seltenheit: die Patrouille brachte anfangs täglich, troz allem Widerstande der Herren Süßlinge, troz alles Bittens und Geldbietens, manchen Coridon ein; als aber die Soldaten sahen, daß diese Herren sich bald zu ranzioniren wußten, wurden sie klüger, und ließen einen jeden Galan gegen Erlegung einiger Livres, ungestört in seinem Vergnügen, ja sie waren noch so kompläsant,

ſant, einem Neuangekommenen, der die Schliche noch nicht kannte, feile Waare von der Art zuzuweiſen.

Ob es gleich in Koblenz und andern Orten, wo die Emigrirten ſich aufhielten, an feilen Dirnen nicht fehlt, ſo heilig auch ſonſt dieſe Städte und Oerter ſeyn wollen, ſo kam doch noch viel ausländiſches Gewächs dazu: die Buhldirnen fanden ſich da gleichſam im Mittelpunkt von zwanzig und mehrerern Meilen zuſammen. Sie kamen meiſtens ſchlecht gekleidet dahin, warfen ſich aber bald, mittelſt ihres ſaubern und reſpektablen Verdienſtes, ins Zeug, und paradirten wie große Damen auf den Straßen daher. Man erzählte in Koblenz viele erbauliche Anekdoten, die hieher gehören, die ich aber aus Achtung für den Wohlſtand übergehe, ob ſie gleich

gleich den großen Schaden, den die Herren Flüchtlinge den guten deutschen Sitten zugefügt haben, deutlich beweisen. Von Worms aus hat man dergleichen auch geschrieben: unter andern soll dort eine Mutter und sieben Töchter zu gleicher Zeit von den Franzosen schwanger gewesen seyn.

Ich habe einigemal in den öffentlichen Häusern zu Koblenz über die Emigrirten, und den Schaden, den sie in Deutschland stifteten, derb losgezogen; dabey aber großen Widerspruch gefunden. Ein gewisser Koblenzer Herr, der sich auf seine finanziösen Kenntnisse nicht wenig zu gute that, behauptete, daß die Franzosen Nutzen schaften, und berief sich auf das Beispiel der Provinzen, welche im vorigen Jahrhunderte die ausgewanderten Hugenotten

notten aufgenommen hätten. Ich erwiderte, das sey hier gar nicht der Fall: die Hugenotten wären ordentliche, brave Leute, arbeitsame und stille Bürger gewesen, die jetzigen Emigrirten aber — wären durchaus verdorbene Menschen, stolz, tollkühn, ohne Achtung fürs Gesetz, ohne Sitten, ohne Kenntnisse, ohne nützliche Künste, ans wohllüstige Leben und an Ausschweifungen gewöhnt: welchen Vortheil sich also wohl eine Provinz von solchen Leuten versprechen könnte? Ich fügte hinzu: ob nicht jeder ehrliebende Mann, der Tugend und Rechtschaffenheit liebt, und der sie für die einzigen wahren Stützen der Länder, für den Grund des Wohlstandes der Nationen ansieht, eine Menschenhorde verabscheuen müßte, die eben deswegen schon das Brandmark an sich trüge, weil sie sich den guten Gesetzen ihres

res Vaterlandes widersetzte, weil sie sich wie unsinnig sträubte, Kleinigkeiten aufzuopfern, um das Wohl des Ganzen fest zu gründen und zu fördern? — Ich fuhr in diesem Tone fort, und fieng an, meine Behauptungen aus der ältern und neuern französischen Geschichte zu bestätigen; allein mein Herr ward böse, stand auf, und ließ mich sitzen.

Der Bediente des Grafen von Vergennes, eben des, welcher sonst französischer Gesandter in Koblenz gewesen war, sich hernach zu den Emigrirten gesellt hatte, im Grunde aber sehr gut für sein Vaterland zu denken schien, ob er sich gleich nicht deutlich erklärte, aus Furcht, wie leicht zu denken ist: denn ich weiß, daß der Graf schon mehrere Versuche bey der Nationalversammlung gemacht hat, um wieder

der mit Ehren nach Frankreich zurückkehren zu können; die aber wahrscheinlich,
weil der Graf gewisse Vorzüge behalten
wollte, die man ihm nicht lassen konnte,
bisher gescheitert sind — Also der Bediente
dieses Grafen, der in eben dem Hause saß,
und verschiedenes von unserm Gespräche
verstanden hatte, näherte sich mir höflich,
redete mich auf seine Sprache an — wir
hatten vorher deutsch gesprochen, welches
der Bediente einigermaßen verstand — und
sagte: daß ich zwar im allgemeinen Recht
hätte, doch aber zu weit gienge, wenn ich
alle Emigrirten in eine Brühe werfen
wollte. Viele derselben wären die redlich-
sten Männer von der Welt, welche gewiß
für die Freiheit ihres Vaterlandes so sehr
eingenommen wären, als es keiner von
den Herren Jakobinern seyn könnte; aber
sie wären im Strome hingerissen, wären
ver-

verführt worden, man hätte ihnen Angst gemacht, hätte ihnen gedroht, hätte ihnen im Gegentheil goldne Berge versprochen, wenn sie auf die Seite der Royalisten oder der Prinzlichgesinnten treten würden. Es würden, setzte er hinzu, gewiß viele von diesen Leuten zurückkehren, sobald sie nur versichert wären, daß sie von dem, gegen den Adel aufgebrachten Pöbel in Frankreich nichts zu fürchten hätten. Außerdem sey es ja noch nicht ausgemacht, ob alle Emigrirten auch wahre Royalisten seyen: er hielte gewiß dafür, daß gar manche gutgesinnte Patrioten darunter wären, die nur die Manövers der Royalisten auskundschafteten, und dann wieder zurückkehren würden, um ihren Landsleuten von den Anstalten Nachricht zu geben, welche man von Seiten der Royalisten und ihrer Anhänger gegen die Konstitution und deren

Ver-

Verfechter machte. — Die Folge hat bewiesen, daß dieser Bediente in Rücksicht des letztern recht hatte, und weiter sah, als mancher große Herr: die Wahrheit seiner ersten Behauptung habe ich ebenfalls selbst erprobt gefunden.

Von Ludwig XVI. sprachen selbst diese Franzosen gar nicht vortheilhaft, vielmehr gaben sie ihm die vornehmste Schuld an allen Unordnungen, welche zur Revolution Gelegenheit gegeben hatten. Ein Herr Grouard pflegte gewöhnlich zu sagen, le Roi est bon, mais foible, und wenn ich denn sagte, daß ein Roi foible auch ein très mauvais sujet ein très mauvais Roi wäre, so zuckte er die Achseln.

Uiber die Königinn und die übrige königliche Familie waren die Urtheile der
Fran-

Franzosen sehr getheilt. Wenige nur lobten die Königin von denen, die ich gesprochen habe: nur der Graf von Vinaisal, ein alter Wollüstling, von dem mir ein Mr. Daurien viel Schnurren erzählt hat, gab dieser Dame alle Elogen. Zwar sahe ich wohl aus allen Urtheilen und Erzählungen über die Königin, daß sie einen großen Geist besitzen, und in diesem Stücke eine unverkennbare Tochter der erhabenen Maria Theresia seyn müßte; allein, was ich von ihren Unternehmungen hörte, was die Königinn sollte bewirkt haben — schien zu beweisen, daß sie alles das liebte, was brav Geld kostet. Verschwendung scheint ein Hauptzug in dem Karacter dieser Dame zu seyn. Doch soll das Büchlein Vie privée de Marie Antoinette und die Mémoires de Madame de la Motte viele Erdichtungen und schiefe Nachrichten enthalten.

Aber

Aber wenn diese Herren auf die Freunde der Nationalfreiheit, auf die Jakobiner und andere Patrioten zu sprechen kamen, dann konnten sie gar nicht fertig werden mit Räsonniren und Schimpfen: von jedem, der seinen Namen bey der Revolution berühmt gemacht hat, wußten sie etwas: der eine dieß, der andere das! der hatte Banquerot gemacht, jener stack tief in Schulden, und wurde von seinen Gläubigern verfolgt u. s. w. An allen hatten sie einiges zu tadeln, und alle sollten sich, nämlich nach dem Berichte dieser Exfranzosen, auf Unkosten der Nation zu bereichern suchen. So räsonnirten diese saubern Herren über ihre — Feinde, um deren Credit überall zu untergraben, und sie, soviel und gut sie konnten, recht sehr verhaßt zu machen. —

Und

Und nun denke man an die Manifeste und Memoirs dieser Herren — an ihre Klagen über den Verfall der Religion und der guten Sitten in ihrem Vaterlande — an ihre Ermahnungen zur Religiosität und Bußethun — und entscheide dann selbst: Ob solch gesetzloses Hordenvolk das verdiente, was man jetzt ihrer wegen unternimmt?? — —

Dritter Brief.

Die Vorstellungen, welche die Franzosen von dem gegenwärtigen Zustande ihres Vaterlandes, von der jetzigen Staatsverfassung Frankreichs, und von der Miliz machten, waren größtentheils einseitig und falsch; hatten aber, wie ich handgreiflich be-

beweisen werde, den schädlichsten, traurigsten Einfluß auf alle unsre Vorkehrungen.

Beinahe möcht ich die Feder wegschmeissen, so sehr ärgere ich mich über die Lügen der Exfranzosen, die soviel Unglück über unser Heer und Vaterland gebracht haben! Es ist unmöglich, ein ehrlicher Deutscher zu seyn, und hierbey kalt zu bleiben! — Ich erkläre aber, weil ich doch fortschreiben will, die Exfranzosen für Erzlügner, und die Zeitungsschreiber in Bayreuth, Frankfurt, Hamburg und anderwärts für leichtgläubige Schmierer, die die Lügen der französischen Flüchtlinge dem deutschen Publikum für baare Wahrheit verkauft haben. Soll das Patriotismus seyn? Ist das Achtung fürs Publikum? Ist das Wahrheitsliebe? Dient das zur Vermitmittelung, zur Aussöhnung, zur Dämpfung der gegenseitigen Verbitterung? —

In Frankreich — so hieß es nach dem Bericht der Emigrirten — geht alles drunter und drüber: alles ist in Unordnung: da ist keine Obrigkeit mehr: jeder thut, was er will; und was gethan wird, ist wohlgethan! — O über die Blinden und deren Führer! Der Nationalkonvent ist eine Gesellschaft unwissender, unerfahrner, superkluger Bursche, die selbst keine Einsicht haben, und sich unaufhörlich zanken, und befehden. Sie schlagen sich oft auf den Degen, und wer besiegt wird, muß schweigen. Tag für Tag sind neue Beysitzer beym Konvent. — In den Provinzen respektirt man nichts von dem, was der Konvent beschließt: da herrscht die gröbste Anarchie: Raub und Mord gehen alle Tage vor: Niemand ist seines Vermögens oder seines Lebens sicher! Beyher wurden die traurigen Vorfälle, welche sich in Paris, Avignon und sonstwo zugetragen hatten, aber — wohlgemerkt! — größtentheils auf Anstiften oder Verschulden der Gegenempörer, aufgetischt, mit Lügen vermehrt, und alle der Revolution und der neuen Einrichtung zugeschrieben.

Ich machte hierbey starke Ausnahmen: ich berief mich auf die gräulichen Thaten, welche selbst unter der Regierung der beyden letztern Könige von Frankreich vorgefallen wären, und bewies aus der Geschichte der Freystaaten, besonders aus der Englischen und Holländischen, daß dergleichen Scenen bey dergleichen Revolutionen unvermeidlich wären. Physische Revolutionen, wie Erdbeben und Gewitter

ter, sagte ich, kämen auch ohne Sturm und gewaltsame Erschütterungen nicht zu Stande: bey politischen könnte es nicht anders seyn, zumal wenn die politischen Jupiters sich selbst so oft verdonnerten. Wenn die Thür, fügte ich hinzu, einmal zugemacht werden mußte — wie es im Sprichwort hieße — so würde dem natürlich der Finger gequetscht, der ihn dazwischen steckt. Die Revolution mit der Pfafferei in Deutschland zu Luthers Zeiten hätte auch Blut genug gekostet, und manches sey vorgefallen, das den damaligen Reformatoren wahrlich wenig Ehre gemacht hätte: indessen wäre es einfältig, die Reformation darum zu tadeln und den Bauernkrieg, die Münstrische Widertäufertragödie und dergleichen mehr auf Unkosten der Reformation selbst, und nicht weit eher auf Rechnung einiger Theilnehmer an derselben zu schreiben. Diese wäre, wie man in der Ontologie sagt, cauſſa per accidens, geweſen. — Und wie viel Gut und Blut raffe nicht oft ein kapriziöſer Krieg weg, ohne daß die Nation des Kriegführers auch nur das Mindeſte dabey gewonnen, ja, leider oft Haabe und Alles dabey zugeſetzt hätte u. d. gl.

Meine Erinnerungen fanden wenig Gehör: denn ſowohl unſre Leute, als die Emigrirten überſchrien mich immer. Die letztern logen auch gar ſehr, vorzüglich was die Stärke Ihres Anhangs, oder ihrer Armee betraf. Wollte man ihnen glauben, ſo mußte man ſich ein Heer von 18,000 Mann vorſtellen, das unter den Fahnen des Condé und des Artois ſich mit den Neufranken gerne den Hals brechen wollte. Die Folge hat gelehret, daß

daß das alles meistens Lügen und Großsprechereyen gewesen sind.

Ueberhaupt gab es im eigentlichen Sinne des Wortes gewaltige Windbeutel unter den Emigrirten. Fast alle waren Edelleute, wogegen ich freilich nichts habe, da ich weiß, wie zahlreich der Adel in Frankreich gewesen, und wie exemplarisch nachgiebig er gegen die neufränkische Abschaffung altfränkischer Usurpationen durch eine hasenfüßige Flucht geworden ist! Allein alle diese Menschen hatten ehedem vornehme Civil- Hof- und Kriegsstellen bekleidet, fast alle trugen das croix de St. Louis, fast alle waren intime Freunde und Vertraute Ludwigs XVI. und seiner Gemalin. — Ich habe von andern Emigrirten gehört, daß manche das Ludwigskreuz anomalisch trügen. Windbeutelcyen anderer Art

Art wären unter den Herren Franzosen nichts neues — nämlich unter diesem noblen Ausschuß nicht.

Als wir ankamen, gab der Kurfürst von Trier einen deutsch und französisch gedruckten Befehl, daß alle Franzosen sich fortpacken sollten. Der Befehl war vom 9ten Jun. und enthielt derbe Ausdrücke. Demohnerachtet blieben die stolzen und herrschsüchtigen Franzosen zu Koblenz und in den umligenden Oertern nach wie vor, und ließen sich nicht stören. Eben der Franzosen wegen, welche die besten Wohnungen inne hatten, mußten unsre gemeinen Soldaten in Spelunken liegen.

Der Herzog von Braunschweig drang auf die Ausführung des kurfürstlichen Befehls, allein da fieng man erst an zu klausuliren

suliren und Ausnahme zu machen. Es wäre doch barbarisch, hieß es, die Emigrirten, welche NB. dem Staate soviel nützten, so mir nichts dir nichts fortzuschicken! Erst müßten sie doch wissen, wohin sie sich begeben könnten und sollten u. s. w. So sprach man NB. von Seiten des trierischen Ministeriums auf Betrieb des Grafen von Vergennes und andrer, welche sich wahrscheinlich um die Koblenzer Herren verdient gemacht hatten.

Der Herzog von Braunschweig fuhr indessen fort, auf den Abzug der Franzosen zu bringen; richtete aber die Sache nicht so geschwinde aus, als er erwartete: denn von Seiten der trierischen Regierung machte man weiter keine Anstalten, dem Befehle ihres Hrn. Kurfürsten Nachdruck zu verschaffen.

Während der Zeit entdeckte man, daß unter den Emigrirten sich auch viele Patrioten befänden. — Das hätte man freilich gleich anfangs denken können! Was war wohl natürlicher, als daß einige gut republikanisch Gesinnte sich unter die Emigranten mischen, ihren Schritten nachspühren und die Anstalten der deutschen Mächte gegen Neufrankreich beobachten würden, um hernach in ihr Land zurückgehen, und dann von allem Nachricht geben zu können? — Hieran dachte man aber nicht; und man durfte nur sagen, man sey ein Malkontente, so glaubte man dies schon aufs Wort, und erlaubte gern jedem, sich unter den wahren Emigrirten aufzuhalten, und alle ihre Anstalten so mit anzusehen.

Daß dieses sehr böse Folgen hatte, ja haben mußte, versteht sich von selbst; und

erst

erst, als es zu spät war, wurde den Emigrirten in Koblenz angesagt, daß sie ohne Paß von ihrem Marschal oder vom Herzoge von Braunschweig, oder vom preußischen General Courbiere nicht ferner geduldet, und in die Stadt gelassen werden sollten. Auf allen Wachen machte man Anstalt, diesen Befehl zu befolgen. Aber was halfs? Wenige Pässe waren so, wie sie nach dem Herzoglichen Befehl seyn sollten: meist warens kleine Zettel von französischen Officieren geschrieben, oder vielleicht gar von den Emigrirten selbst geschmiedet: wer kann alle Hände kennen? Warum gab man nicht gedruckte Pässe, von französischer und preußischer Seite zugleich unterschrieben? — Jetzt zeigte man irgend ein Stück von Paß vor, und so hielten wir Niemanden von der Stadt ab, und auf diese Art war die Vorsicht unsers

Ober-

Oberbefehlshabers wieder ohne Wirkung. Wie es hieß, wollte man der trierischen Regierung nicht vor den Kopf stoßen, und die Emigrirten nicht mit Gewalt wegjagen: Gefährlicher wurden diese indeß immer, und um sich zu sichern, ersann man ein neues Mittel.

Man ließ nämlich von Haus zu Haus die Namen der Franzosen aufschreiben, befragte sie selbst nach ihrem Range, Päßen u. s. w. und bedeutete ihnen, daß sie sich abführen, oder neue Erlaubniß zum Längerbleiben haben müßten.

Noch aber zogen die Franzosen nicht ab, noch betrugen sie sich, wie Herren, denen weder Trier noch jemand anders zu befehlen hätte. Endlich trat der Zeitpunkt ein, wo man unsern König in Koblenz erwartete.

tete, und nun schritt der Herzog zu Mitteln, die den Emigrirten den Aufenthalt erschwerten. Sie pakten also auf; doch immer nur nach und nach, und dieß zur Nachtzeit, weil sie sich ärgerten, und schämten, einen Ort schimpflich verlassen zu müssen, wo sie so zu sagen, Gesetze gegeben hatten. Man denke nur an ihr tyrannisches Verfahren gegen den Verfasser der Sagen der Vorzeit! Die Emigrirten dünkten sich Herr der Welt zu seyn! Dafür waren sie auch meist Prinz, Marki, oder Baron; oder ein sonst hochwohlgebohrner Anhang von diesem Ausschuß der Menschheit in Frankreich!

Auf die Preußen wurden sie mächtig erbittert: es sey doch, sagten sie, très indigne d'être chassé par les Prussiens! — Sie zogen sich nach Bingen am Rhein und sonst

sonst wohin. Ihre Truppen lagen hin und wieder auf Dörfern zerstreut, wo sie sich, so nach ihrer Art, in den Waffen übten. Bey diesen Truppen herrschte eine wahre Anarchie! Da war an gar keine ächte Disciplin zu denken, und jeder war gleichsam sein eigner Herr. Schade, daß sie keinen Peter, den Eremiten, keinen Aloysius Hoffmann, keinen Girtanner, keinen von Schirach mit sich führten, oder daß man ihre politischen Ablaßkrämer, ihre vermummten Tetzel nicht kannte! Man hätte sich sonst ein Verdienst um sie — für hienieden oder droben — erwerben können durch einen milden Beytrag zur Führung ihrer durchlauchtigen Donkischottiade! Es kömmt am Ende doch auf eins hinaus, ob uns Invaliden, Mönche, oder irrende Ritter durch öffentliche oder versteckte Betteleyen um das Unsrige bringen!

gen! Das Himmelreich hat von jeher Gewalt gelitten, und die politischen Aderlasser wollen auch leben!

―――

Vierter Brief.

Während der Zeit unsers Aufenthalts in Koblenz marschirten viele preußische Truppen durch diese Stadt, welchen nach unserm Abzuge ins Lager, die übrigen folgten. Es war eine schöne Schiffbrücke über den Rhein geschlagen, um den Uibergang der Truppen und des Feldzeugs zu erleichtern.

Man hatte auf Angeben der Emigrirten zwey vornehme Franzosen auf die Hauptwache gesetzt als Verräther und Patrioten.
Das

Das war der Graf von Vinaisal und der Marquis de Pontbruiant. Ich habe beyde gesprochen den Tag vor dem Abmarsch ins Lager. Sie schienen beyde sehr königlich gesinnt zu seyn, kamen auch bald los, wendeten sich aber nachher, wie ich gehört habe, wieder zu den Demokraten. Das mußten sie schon, wenn sie vorher auch noch so gut königlich gesinnt gewesen wären: Sie waren ja einmal verdächtig!

Nach einem kurzen Aufenthalte in Koblenz rückte man von unserer Seite ins Lager. Das Lager war wie ein Lustlager geschlagen, und hieng nicht zusammen, nach Art der Feldläger: sogar stunden die Bataillons einzeln in besondern Lägern.

Man rühmt an den Franzosen, daß sie bey ihrem Lagerschlagen äußerst besorgt sind,

sind, daß es ja nicht an Proviant mangle. Das ist sehr rühmlich und für die Soldaten von dem größten Nutzen. Bey uns war auch nicht die mindeste Anstalt dieser Art getroffen. Es war also nothwendig, daß wir ein Raub der Marketender wurden. Unter diesen befand sich ein Jude aus Neuwied, ein recht abgefeimter Bube, der es machte, wie beynahe alle, welche zur Armee handelten: sie kauften wohlfeil ein, und verkauften alles himmeltheuer aus. Der Soldat, welcher den Proviant und andere Dinge haben mußte, war genöthiget, den Blutigeln hinzugeben, was sie foderten. So kaufte z. B. der Jude in Coblenz das Pfund Speck für 24 leichte Kreuzer, und schnitt es wieder zu 60 und mehr Kreuzern aus. So wurden die armen Soldaten geprellt, und doch hieß dergleichen Prellerey ein erlaublaubter Profit! Der Jude ist hernach, wie ich gehöret habe, von den Franzosen aufgehascht, und rein ausgeplündert worden. Was half ihm nun sein Gewinn aus Härte und Betrug! Es ist doch wahrlich eine schöne Sache um Leben und Lebenlassen!

Viele unsrer Leute, welche weiter nichts hatten, als ihre Löhnung, mußten schon in diesem ersten Lager wahre Noth leiden. Es ist gleichsam so hergebracht, daß der Soldat, der doch am wenigsten zu bezahlen hat, im Felde alles doppelt und dreifach bezahlen muß. So brachten uns auch hier die Leute von den benachbarten Dörfern allerhand Gemüse; ließen sich aber weit mehr dafür zahlen, als sonst in den Städten.

Vor

Vor zwey Jahren, als der Feldzug nach Schlesien seinen Anfang nahm, gab der König einen gedruckten Befehl, wie die Marketender und Andere es zu halten hätten, welche etwas bey der Armee im Lager verkaufen wollten. Das wäre freilich recht gut gewesen, wenn es nur wäre befolgt worden. Allein entweder hatte man jene Ordre schon vergessen, oder man hatte diese nur für den Schlesischen, nicht aber auch für den französischen Feldzug gegeben. Es war jedem überlassen, was er für seine Waare haben wollte: man kümmerte sich gar nicht darum von Seiten der Regimenter.

Die Sache mit den Marketendern ist bey einer Armee von unglaublicher Wichtigkeit, und fodert mit allem Recht eine vorzügliche Aufmerksamkeit der Obern.

Denn wenn es an hinlänglicher Zufuhr durch Marketender fehlt, oder wenn man der Schinderey dieser Leute freye Hand läßt, so ist der Soldat genöthigt, sich zu helfen, so gut er kann, durch Plündern oder Stehlen. Viele Herren Regenten haben ja, wie wir wissen, gar zu starke Nebenausgaben, als daß sie den armen Soldaten etwas zulegen könnten, um ihm die Versuchung, oder vielmehr die Nothdringlichkeit zu Excessen von der Art zu ersparen. Leben will indeß der Soldat nicht minder, als sein Herr Fürst. Er hilft sich also, so gut er kann, und erregt Verbitterung, ja oft Verrätherey.

Warum nun die erwähnte Aufmerksamkeit bey uns auf diesem Feldzuge gefehlt habe, kann ich nicht angeben. Unsere Anführer haben sich ohne Zweifel eingebildet, die

die Neufranken würden bey der Annäherung der deutschen Truppen zum Kreutze kriechen, ja ihnen hülfreiche Hand biethen: und der Krieg würde ein Ende haben, noch ehe er recht angefangen wäre. Und dann brauchte man freilich weder Marketender, noch Provision!

Daß diese irrige Voraussetzung unsre Häupter eingenommen, und sie zu mancher Versäumniß und sehr nachtheiligen Maaßregeln verleitet habe, werde ich hin und wieder unwidersprechlich beweisen.

Mit unserm preußischen Gelde kamen wir auch sehr übel an. Im Trierischen ist leichtes Geld Mode. Der Gulden, welcher sonst 60 gute Kreuzer hat, hat in diesem Lande 72. Unsre Löhnung wurde in allerley Gelde gereicht, meistens aber in Böh-

Böhmen, oder Schlesischen Silbergroschen, deren 30 einen schweren Thaler ausmachen. Anfangs nahm man in Koblenz den Böhmen zu 3 Kreuzer: also hatte der gemeine Soldat am Löhnungstage dreißig Kreuzer oder kaum 6 gl., da er doch 8 gl. haben sollte. Nach und nach galt zwar der Böhme 3½ Kr., und so hatte man dann doch statt 8 gl. 7 gl. — Wurde die Löhnung in Sechsern oder ganzen Groschen bezahlt, so bekam man 6 gl. und 2 leichte Kreuzer. Am ganzen Gelde, d. i. an den 8, 4, und 2 Groschenstücken, wie auch an den ganzen, halben und viertels Thalern verlohr man alleine nichts: das zwey Groschenstück galt 10 leichte Kreuzer, das Viergroschenstück 20 und der ganze Thaler 160 Kreuzer. Allein nur sehr selten erhielten wir ganz Geld, indem die Herren Regimentsquartiermeister schon durch Einwechseln

seln besorgt waren, daß sie immer Böh,
men, Sechser und Groschen zum Trakta,
ment geben konnten. Alle Kaufleute zu
Koblenz, Trier, Limburg, Monthabauer
und an andern Orten sind meine Gewährs,
männer bey dieser an sich gewiß sehr wich,
tigen Sache. Ich werde in der Folge noch
Gelegenheit haben, über diesen Artikel
mehr zu sagen.

Das Wetter im Lager bey Koblenz war
gleichsam eine Prognostik von dem Wetter,
welches uns auf dem ganzen Feldzuge ver,
folgt hat. Es regnete hier beynahe täg,
lich, und obs gleich im Jul. war, so war
es doch oft so kalt, daß man nöthig hatte,
sich in die Friesdecken einzuwickeln, um
sich wider die Kälte zu sichern.

Das Frauenzimmer aus Koblenz, durch
die Exfranzosen angekirrt, besuchte auch
unser

unser Lager. Es war etwas Skandalöses, zuzusehen, wie der sanftere Theil des Menschengeschlechts durch die wilden Soldatentriebe erniedrigt wurde! —

Während dieser Zeit erschien auch das bekannte Manifest des Herzogs von Braunschweig an die Einwohner Frankreichs. Ich hätte hierbey gar sehr viel anzumerken; will mich aber bey dieser sonderbaren Sache nur auf wenig Punkte einschränken.

Es erhellet offenbar, daß der Herzog durch die Emigrirten hintergangen war. Diese hatten ganz falsche Nachrichten und Schilderungen von dem gegenwärtigen Zustande Frankreichs verbreitet, und diesen Nachrichten und Schilderungen hatte der gute Fürst geglaubt. Das ist ein Satz, den ich beweisen muß.

Das

Das Manifest spricht, als wenn zwischen der Nation der Franzosen und den Konstitutionisten ein himmelweiter Unterschied wäre. Es heißt darinn: daß Einige den Thron und den Altar angegriffen hätten, — und dabey heißt es: man habe den Garden, Linientruppen u. s. w. eine provisorische Sorge für die Aufrechthaltung der guten Ordnung aufgetragen, bis die Sachen besser eingerichtet seyn würden. — Es scheint also, als wenn der Herzog geglaubt habe, daß eben die Garden, Linientruppen, Elektoren und andere an der Revolution nicht selbst Theil genommen, sondern sich bloß leidend dabey verhalten hätten. Das war aber eben das falsche Vorgeben der Emigrirten: diese sprachen noch immer von königlichen Soldaten, Beamten u. dgl.

Die Emigrirten hatten ferner fälschlich vorgegeben, und aller Orten ausgesprengt, daß sobald eine Armee nach Frankreich kommen würde, um dem König Ludwig XVI. beizustehen, beinahe die ganze französische Armee zu ihr übergehen, und alle Städte und Provinzen sich ohne Anstand ergeben würden.

Daß der Herzog auch diesem Vorgeben Glauben beygemessen habe, erhellet, dünkt mich, wieder ganz deutlich aus dem ganzen Manifeste. Und eben diesem Vorgeben hat unsre Armee ihr größtes Unglück zuzuschreiben: Denn es verursachte, daß wir wie blind nach Frankreich in die Nothschule geführt wurden; und das Resultat eben dieses Schrittes war hernach der Einfall der Neufranken in Deutschland. Die Folge meiner Erzählung wird dieses hinlänglich darthun.

Der

Der Herzog befürchtete gar nicht, daß sich ihm eine Armee entgegen stellen würde. Er sagt ja, daß er die Pariser, wofern sie etwas wider den König oder dessen Familie vornehmen würden, exemplarisch bestrafen wolle. Folglich dachten Seine Durchlaucht, daß der Weg von Koblenz nach Paris eben so gangbar für die preußische Armee seyn würde, als der von Halberstadt nach Koblenz. Das waren lauter Folgen der Windbeuteleien der Emigrirten!!

Hieraus ist nun sonnenklar, daß die Emigrirten unsre ärgsten Feinde gewesen sind. — Hieraus lassen sich auch alle Fehler erklären, die im Feldzuge von 1792 vorfielen. Eben das falsche Vorgeben der Emigrirten hat wohl auch gemacht, daß der Ton des Manifestes etwas gebietherischer

scher und stärker ausgefallen ist, als es sonst vielleicht geschehen wäre — gegen eine der respektabelsten Nationen in Europa. Ja, wer unsern König und den Herzog näher kennt, wird der Meynung Einiger Sachverständigen beystimmen und mit diesen dafür halten: daß die Materie und Form aller damaligen Manifeste gegen Frankreich, also auch deren Ton, ursprünglich im Kabinette zu Wien angegeben sey, und daß der gutmüthigste Mann, wie der feinste Politiker, seine Gründe haben könne, in gewissen Fällen, aus gewissen Rücksichten, mehr Copie, als Original zu seyn. —

Der Herzog versichert weiter, daß weder der Kaiser noch der König in Preußen sich bey diesem Vorfall durch Eroberungen bereichern wollten. Das ist etwas schwer zu zu verstehen! Es wird aber wohl soviel heißen sollen: daß der Kaiser und der König von Preußen keine Provinzen von Frankreich trennen und für sich behalten wollten. Das versteht sich aber von selbst: denn was geht sie Frankreich an? Und laut ihrer öffentlichen Erklärung wollten sie ja nur Ludwig XVI. durch ihre vereinigte Macht wieder zu seinen vorigen Rechten zu verhelfen suchen! — Uebrigens wird die Folge beweisen, daß diese Schonung Frankreichs, diese Nichtzergliederung und Nichttheilung unter Oestreich und Preußen, eine Sache war, deren Gegentheil wohl leicht ins Reich des Unmöglichen gehört. Frankreich ist kein Bayern, Schweden oder Polen. —

Ferner sagt der Herzog: die Neufranken hätten dem Kaiser als Alliirten des Kö-

Königs von Preußen einen ungerechten Krieg angekündigt: und das sey die Ursache, warum der König die Waffen gegen sie ergriffe. — Hier habe ich zweierlei anzumerken: Das erste betrift die Ungerechtigkeit des Krieges.

Ein ungerechter Krieg ist ein Krieg ohne alle Ursache zur Gegenwehr. Kriege, wo man das Zuvorkommen spielt, sind nach dem Sinne unsers Kriegsrechts gerechte Kriege. Der verstorbene Kaiser möchte aber wohl genug eingefädelt, und gethan haben, die französische Nation zu erbittern, oder ihr Feinde zuzuziehen. Privat-Hausinteresse wurde auf eine vermäntelnde Art zu einem höhern erhoben: die Bereitwilligkeit der Franzosen zum Ersatz für die vorgewandten Beeinträchtigungen im deutschen Reiche wurde eludirt: die

nach-

nachdrücklichsten Vorstellungen gegen die Machinationen der Emigrirten fanden lässiges Gehör: Vergehungen Einzelner wurden der ganzen Nation aufgebürdet, und Privat-Hof-Spiele begründeten endlich das, was jetzt ganz Europa in Krieg verwickeln wird. So sprachen wenigstens selbst große Sachkundige in mehr als einem Lande. —

Und wenn man die Sache von dieser Seite ansieht: war dann der Krieg, den die Franzosen dem Kaiser erklärten, ungerecht? War es ihnen zu verargen, daß sie nothgedrungen das Zuvorkommen spielen wollten? Waren sie — vorausgesetzt, daß das Obige seine Richtigkeit habe — nicht lange genug geneckt, hingehalten, verachtet und bedrohet?

Ohne

Ohne Zweifel sahe dieses der hellsehende Herzog selbst; er nannte also den Krieg wohl nur in sofern ungerecht, als er von einer Nation erklärt war, welche Er noch als Unterthanen eines souveränen Königes ansah, und ihr folglich das Recht nicht einräumte, einen Krieg zu erklären: und in dieser Hinsicht allein könnte der Krieg von Seiten der Franzosen ungerecht genannt werden. Dieß war aber nach der Sprache der Emigrirten gedacht! Sonst weiß man ja, daß die französische Nation ihre Souveränität über die ihres Königs hinausgesetzt, und feyerlich anerkannt hat.

Jetzt zum zweyten Punkte! Unser König ist Alliirter des Kaisers, und so ist er verpflichtet, an dem Kriege gegen die Neufranken Theil zu nehmen. Freilich ist ein Alliirter verpflichtet, im Fall der Mitalliirte

Hirte ohne Recht angegriffen wird, hülfreiche Hand zu leisten. Allein ohne hier der preußischen Allianz mit Schweden und Polen in neuern Zeiten zu erwähnen, so hat die Allianz des Königs in Preußen mit Oestreich wohl erst recht da angefangen, als man — wie man für gewiß wissen will — von preußischer Seite schon auch beschlossen hatte, die Neufranken mit zu bekriegen: folglich — — wer trübte hier das Wasser zuerst, der Wolf oder das Schaaf? Das übrige ergiebt sich von selbst.

Ob bey dieser Allianz nicht noch andre geheime Zwecke obwalten, deren Realisirung, mit Rußlands Convention, dereinst in Schweden, Polen und Bayern statt finden könnte, gehört nicht hieher: genug, daß unsere Allianz eigentlich vielmehr eine

F   Folge

Folge, als ein Grund von unserm Kriege gegen die Neufranken gewesen ist. Unwiderſprechlich iſt daher — doch die unpartheyiſche Mit- und Nachwelt mag weiter folgern und — richten!

Der Herzog biethet die Franzoſen, gleich Unterjochten, gebietheriſch auf, der preuſſiſchen und kaiſerlichen Armee freundſchaftlich zu begegnen, und ihnen in allen Stücken hülfreiche Hand zu leiſten — freylich wieder nach der Vorausſetzung, daß die Franzoſen und die Demokraten verſchiedene Dinge ſeyen.

Wir ſehen, daß dieſe Vorausſetzung zu manchem voreiligen Schritte Anlaß gegeben hat. Auch weiß man jetzt, daß dies auffallende Manifeſt gerade das beſchleuniget hat, was es in Rückſicht auf Ludwig

wig und dessen Familie und Rechte hintertreiben sollte. Ja, es bewirkte unter den Franzosen soviel Gutes und Böses, daß man, psychologisch davon zu sprechen, beynahe meynen sollte, es hätte das Alles bezielt. Man gestand jedoch endlich selbst ein: man sey von den Emigrirten hintergangen, und bewieß dadurch: daß man in einer Sache von der äußersten Wichtigkeit das so wichtige audiatur et altera pars (man höre auch den Gegner!) übersehen oder verachtet habe, und — daß der Glaube nicht überall selig mache! —

Wenigstens ist und bleibt es immer eine Hauptfrage: Warum ließ man sich, als öffentliche Person, nicht auch öffentlich, oder auf irgend eine andere angemessene Art über die wahre Lage und Gesinnung Frankreichs unterrichten, um darnach

nach die Aussagen der Emigrirten zu schätzen, und dann zu entscheiden: ob es der Mühe werth sey, das Alles vorzunehmen, was jetzt zum unabsehlichen Ruin so vieler Millionen im Gange ist? Warum zog man nicht Männer zu Rathe, die mit der neuen Einrichtung der Dinge in Frankreich durch eigne Erfahrung bekannt waren? Warum glaubte man den Versicherungen des Herrn von Archenholz nicht, der mehrern unserer Hauptleute das alles vorhersagte, was jetzt leider eingetroffen ist? Sollte man nicht billig auf den Gedanken gerathen: daß der Krieg gegen die Neufranken nur habe Mittel seyn sollen, andere versteckte, weit wichtigere Zwecke zu erreichen, als den, Ludwig zu retten?? — — — Vieles, worüber ich noch Anmerkungen machen könnte, übergehe ich: soviel war aber gerade nöthig, um für die

Folge

Folge Licht zu geben, und manchen Vorfall genauer verstehen zu machen.

Das Manifest des Herzog ist in Koblenz gedruckt und von da aus häufig nach Frankreich geschickt worden.

Herr Dailly zu Paris hat darauf antworten wollen: allein die Nationalverversammlung untersagte es ihm, wahrscheinlich nach dem alten logischen Kanon: contra principia ignorantem non est disputandum.

Nirgends hat man in Frankreich auf dieses Manifest Rücksicht genommen: man soll es hin und wieder sogar mißhandelt haben. Auf der Nationalversammlung las man es her, und zuckte die Achseln.

F 3   Ohne

Ohne Zweifel war aber auch das ein Fehler von Seiten der Neufranken. Sie hätten wenigstens aus Großmuth erklären und zeigen sollen, wo und in wie weit der Herzog durch einseitige oder falsche Vorstellungen der Emigrirten hintergangen wäre. Dieses würde vielleicht manches Uibel verhütet, und manches Unglück von einigen französischen Provinzen abgewandt haben. Vielleicht wäre auf eine Erklärung der Neufranken der ganze Einfall in Frankreich unterblieben. Aber so gehts! Wer zu tief herabgesetzt wird, setzt wieder herab.

Also — die Neufranken erklärten sich nicht, ließen nichts von sich hören, und erwarteten die Zukunft, wie vor Zeiten die Engländer die unüberwindliche Flotte der Spanier. —

Das Heer war nun verſammelt, und zum Aufbruch bereit. Der König ſelbſt war angekommen, hatte unterwegs den Kurfürſten von Mainz geſprochen, und hielt bey ſeiner Ankunft in Koblenz die Reñe ſeiner Truppen. Jederman war in voller Erwartung, wohin der Zug gehen würde.

Fünfter Brief.

Der Zug gieng von Koblenz auf Trier. Ehe ich hier vorwärts gehe, muß ich eine Frage aufwerfen.

War es weiſe gehandelt, ohne die Grenzen des deutſchen Reichs gegen den Elſaß
zu,

zu, besetzt zu haben, die Neufranken in ihrem eigenen Lande anzugreifen?

Freilich hat die Folge diese Frage schon entschieden; und — wenn die Herren vom Rathhause kommen, sind sie allemal klüger, als wenn sie hinauf gehen! — wenns nämlich erlaubt ist, etwas Großes durch ein Sprüchwort mit etwas Kleinem zu vergleichen!

Allein auch schon damals, als die Armee am Rheine stand, waren folgende Punkte wahr.

1) Frankreich hat sehr starke Festungen gegen Deutschland zu.
2) Der Weg von der französischen Grenze bis an den Rhein ist kurz, und kann in wenig Tagen zurückgelegt werden.
3) Es

3) Es waren damals ansehnliche französische Truppen in den Grenzstädten, welche auf den ersten Wink bereit waren, den Rhein zu beziehen.

4) Wenn der Feind Strasburg, Landau, Speier und Mainz gut besetzen kann, so ist beinahe keine Armee im Stande, ihm freie Hand jenseits des Rheins zu verwehren.

5) Der Feind ist alsdann im Stande, sich aus der fruchtbaren Pfalz mit allem Proviant auf lange Zeit zu versehen.

6) Der Kurfürst von Mainz war zu schwach, den Einfall der Franzosen abzuhalten, und dem von Pfalzbaiern schien es am Wollen zu fehlen.

Diese sechs äußerst merkwürdige Stücke waren schon damals wahr, und verdienten schon da die größte Aufmerksamkeit, bevor

bevor die preußische Armee nach Trier aufbrach.

1.

Man schien aber alles das nicht zu achten. Woher das? Wahrscheinlich, weil man glaubte, nach der Schilderung der Emigrirten, daß die Neufranken zu schwach und zu uneinig wären, sich zu widersetzen, und daß sie, bey Annäherung des Feindes, sich von Stund an auf Traktate einlassen würden.

Es könnte auch seyn, daß man, wegen entfernterer geheimer Projecte für die Zukunft, das alles absichtlich aus der Acht gelassen habe, um die Franzosen zum Angriff auf das deutsche Reich zu verleiten, und dadurch sich das Recht zu erwerben, die Reichsstände zum Mitkriege aufzufodern, und Pfalzbayern zu nöthigen,

ent-

entweder seine verhaßte Neutralität aufzugeben, oder sich als Widerspänstigen behandeln zu lassen. Die Zukunft muß entscheiden, was von diesem Wahrscheinlichen oder Möglichen das Wirklich-Wahre gewesen ist. Genug man schien von den Neufranken nichts Arges zu erwarten, noch weniger zu befürchten. Ein gewisser vornehmer Herr sagte mehrmals: daß in diesem Kriege kein Gewehr geladen, und kein Feind sichtbar werden würde. Man verachtete die Franzosen, uneingedenk jenes goldnen Spruchs des großen Fabius des Zögerers: daß man im Kriege nichts verachten müsse! Aber sogar unsre gemeinen Soldaten sprachen Abends, wenn der Reträtschuß fiel: „wenn „das die Franzosen so hören, muß es ih„nen in den Haaren Angst werden!„ Ich hatte schon bey Koblenz so meine Anmerkunkungen, welche ich einigen Officieren mittheilte, deren viele sie damals als wahrscheinlich aufnahmen, jetzt aber durch den Erfolg bestätigt wissen werden.

Sonnenklar ist es denn wohl — um zurückzukommen — daß der Rhein, besonders die wichtige Festung Mainz, mit hinlänglichen Truppen hätte besetzt werden sollen, wenn schon auch nur, um das dortige Magazin zu decken, das wohl leicht eine Million gekostet hatte. — — Nun weiter im Texte!

Von Koblenz nach Trier sind 24 starke Stunden, welche wir in 6 Märschen zurücklegten. Der Weg ist zwar Chaussee, allein die vielen Berge und Defileen, die man paßiren muß, machen ihn sehr beschwerlich, besonders für Pferde, Wagen und Geschütz.

Hier

Hier kommt man durch die Eifel, einen Strich Landes, den alle Durchreisende verwünschen. Die Trierer sind überhaupt eine äußerst grobe, eigennützige, abergläubische Nation, voll tiefer Verachtung und Abscheu gegen alles, was Protestant heißt. Sie nahmen eben darum ihrem Hn. Kurfürsten es auch sehr übel, daß er uns Ketzern den Zug durch ihr heiliges Bisthum verstattet hatte. Es ist daher zugleich begreiflich, daß man uns auf unserm Durchmarsche hier nicht so gastfrey aufnahm und behandelte, als vorher in Preußen und Sachsen. Die guten Leute trugen uns überhaupt wenig Lebensmittel zu, und was sie zutrugen, war schlecht und theuer.

Ich hatte hier Gelegenheit, die Gesinnung der Emigrirten, nach Erscheinung des

des herzoglichen Manifestes, auszuforschen. Fast alle waren sehr übel darauf zu sprechen, und dieß — weil in demselben auch pas un mot de la Noblesse vorkäme. Sie hatten gehofft, daß man sie vor allen andern Dingen wieder in den vollen Besitz ihrer Güter und ihres Ansehens setzen würde. Die Stadt Trarbach an der Mosel, eine Pfalzzweybrückische Stadt, war damals voll Emigrirten. Ich erkundigte mich auch nach der Denkungsart der Trierer über die Sache Frankreichs, und erfuhr, daß sie, trotz ihres Pfaffismus — zum Beweise, daß Pfafferey nicht immer und überall aristokratisch macht — meist patriotisch gesinnt waren. Ich werde den Grund hiervon angeben, und mehr hierüber sagen, wenn ich auf unsern Rückmarsch durch dieses Land kommen werde.

Das

Das Wetter war auf diesem Marsch sehr heiß, und viele unserer Leute wurden marode, wie man sagt; doch blieben wenige liegen, weil sie damals noch meist bey vollen Kräften waren. Bey dem Rückzuge aus Frankreich waren die Leute ausgemärkelt, und blieben zu 30, 40 von einer Kompagnie zurück, und kamen oft erst den andern Tag nach, wie die Folge dieser Berichte zeigen wird.

In der Stadt W i t l i ch, einem kleinen Orte, mit einem schönen Schloß, Ottenstein, sprach ich zwey Geistliche vom Lande über die französischen Angelegenheiten. Die beyden Herren räsonnirten nicht übel, prophezeihten uns und den Oestreichern wenig Gutes, und schlossen damit, daß die lange und unmenschlich genug gequetschten Franzosen Recht hätten; nur hätten sie

sie ihre Hände von der Geistlichkeit und
deren Gütern lassen sollen. — So spricht
ein jeder nach dem Interesse seines Stan-
des!

Nicht weit von Witlich ist ein reiches
Bernhardiner-Kloster, welches von den
Patrioten nach unserm Abzuge derb mit-
genommen worden ist, so wie das Kloster
Arnsburg in der Wetterau.

In Trier trafen wir wieder viel Emigrirten an. Die Einwohner von Trier
selbst sind, wie die übrigen Trierländer,
grob und ungeschliffen, dabey bigott und
intolerant im höchsten Grade. Die Uni-
versität daselbst ist in den traurigsten Um-
ständen, und wird blos von Landeskin-
dern besucht.

Im

Im Lager bey Trier standen wir ohngefähr acht Tage. Hier war eine überaus große Hitze, welche sogar des Nachts anhielt, und das Saufen des schmutzigen ungesunden Wassers aus der Mosel nothwendig machte. Man hätte zwar gutes Wasser aus den Dörfern holen lassen können; allein da die Mosel ganz nahe vorbeyfloß, so mußte alles Wasser zum Trinken und Kochen aus diesem Flusse geholt werden. Ohne Eckel konnte aber niemand dieses Wasser herunterbringen. Den ganzen Tag über waren die Pferde aus der ganzen Armee im Fluß, machten ihren Mist hinein, welcher aller Orten auf dem Wasser herumschwamm. Zudem badeten sich die Soldaten ohne Aufhören und wuschen ihre schmutzigen Hemden darin. Wem konnte solches Wasser wohl schmecken und behagen? Man mußte wirklich

heil-

heillosen Durst haben, um sich zu solchem Trunk zu entschließen: und doch wurde es häufig gesoffen: das machte die unerhörte Hitze, welche im Thale doppelt unerträglich war.

Im Moselwasser und in der großen Hitze bey Trier liegt der erste Grund der fürchterlichen Krankheit, welche unsre Armee bis in den Winter schröcklich geplagt, und manchen unter die Erde befördert hat, ich meyne den Durchfall, oder die Diarrhoe. Sie fieng schon hier an, und ward bald allgemein, so daß nur wenige davon verschont blieben. Doch hiervon wird weiter unten mehr vorkommen.

Während unsers Aufenthalts hier im Lager, wurden allerhand Lügen und falsche Gerüchte ausgesprengt. Die Russen sollten

ten schon in Frankreich eingefallen, und auf dem Marsch nach Paris begriffen seyn: Der König von Sardinien hätte die Franzosen, ich weiß nicht mehr wo, aufs Haupt geschlagen: eben so wären sie schon von den Kaiserlichen in die Enge getrieben. In Paris hätten die Bürger die Nationalversammlung gesprengt, den Jakobinerklub zerstört, den König wieder auf den Thron gesetzt u. s. f. Mit dergleichen Lappereien vertrieben sich Officiere und Soldaten die Langeweile.

Bisher hatten wir noch keinen öffentlichen Gottesdienst gehabt, deßwegen mußten alle Feldprediger an einem Sonnabend gegen Abend eine Predigt halten. Die meisten handelten von der Geduld, und der Ergebung in den Willen Gottes. — Daß doch die Leute so gern den Willen der Menschen zum Willen Gottes machen!

Die trierischen Einwohner kamen selten in unser Lager, um es zu besehen, wie die Koblenzer gethan hatten, wahrscheinlich, weil sie den Preußen nicht gut waren. Diese waren auch nicht einmal Römischkatholisch! —

Die Emigrirten, unterstützt — wie es hieß — durch russisches und englisches Geld, brachten nun auch ihren Haufen zusammen, und rückten ins Lager gegen uns über. Ich habe nie gewiß erfahren können, wie stark die sogenannte Armee der emigrirten Kreutzfahrer gewesen sey. Sie war zuverläßig, alles eingerechnet, nicht über 12,000 Mann stark, ob man gleich schon 30, ja gar 50,000 daraus machen

machen wollte. In dieser Armee war gar keine Disciplin, und Anarchie mehr als im verschrieenen Frankreich.

Im August zogen wir von Trier ab, und nach einigen Märschen schlugen wir unser Lager bey Montfort, ohnweit Lützelburg oder Luxemburg auf. Im Luxemburgischen waren die Lebensmittel etwas besser, als im Trierland, wo die emigrirten Franzmänner schrecklich damit gehauset und dadurch alles sehr vertheuert hatten.

Die Luxemburger Unterthanen schienen mit der Wiener Regierung nicht sehr zufrieden zu seyn; und einige Gährung dürfte auch in diesem Lande einen Volksaufstand nach sich ziehen. Uiberhaupt aber sind die Luxemburger ein grobes, barsches, fatales Volk, welches alle Ausländer hasset, und nicht einmal gerne sieht, daß der Kaiser eine starke Besatzung in die Festung Luxemburg legt. Das Land ist übrigens fruchtbar und gut, und die Festung selbst eine der wichtigsten in Europa. Die Stadt kann leicht für eine der schönsten und volkreichsten paßiren.

Hier wurde ein Italiener als Spion entdeckt, und fand sein Ende nach Verdienst, am Galgen: denn wenn je einer den Galgen verdient, so ist es ein Spion. Man bedenke nur das Unheil, das so ein Bube stiften kann! Wenn aber gleich die Spionen nach allem Recht den Galgen verdienen, so bedienen sich ihrer doch die größten Helden und belohnen sie reichlich. — Und so macht man selbst das Schändliche, das man überall mit Galgen bestraft,

zum

zum Mittel seines Zwecks! Was ist also Moral? Was ist Politik? Und wie verbindet man beyde, theoretisch und praktisch? —

Man sprach hier viel von den Kaiserlichen, welche nun kommen und sich mit uns vereinigen würden; aber sie kamen nicht. Indessen statt ihrer rückten die Hessen heran, die braven tapfern Hessen, welche auf Veranstaltung ihres Landgrafen — der gern Kurfürst werden möchte — auch an diesem unglücklichen Feldzuge Theil nehmen mußten.

Im Hauptquartier wetteten sogar die Generale, daß ganz Frankreich innerhalb drey oder vier Wochen beruhigt, und in seinen alten Zustand zurückgebracht seyn würde. Ich will ein Gespräch zweier vornehnehmer Herren hersetzen, welches ich selbſt angehört habe.

A. Was wird aber zu thun ſeyn, wenn wir nun Paris beſetzt haben werden?

B. Vor allen Dingen muß der König ſeine abſolute Gewalt wieder bekommen. Sodann muß für den Adel geſorgt werden.

A. Das wird ſchwer halten! Die Güter ſind ſchon meiſtens in andern Händen!

B. Thut nichts! die Güter müſſen wieder heraus, und die jetzigen Inhaber müſſen alles wieder erſtatten, was ſie bisher gezogen haben.

A. Wie geht es aber mit den Häuptern der Patrioten?

B. Dieſe müſſen alle nach der Strenge behandelt werden. Da wird es ein Aufhängen geben, daß einem die Haut ſchaudern wird! Es muß aber ſchon einmal ſeyn:

seyn: Exempel müssen statuirt werden, damit in Zukunft der Spektakel unterbleibe: Dann wird eine starke Garnison in Paris gelegt, so wie in die andern Hauptstädte des Reichs. Der Hof geht nach Versailles: die Kriegskosten werden ersetzt: Elsaß und Lotharingen werden ans Reich abgetreten, u. dgl.

An solchen Gesprächen erbauten sich Männer, welche ohne Einsicht und ohne Kenntniß der bisherigen Länder- und Völkergeschichte, über Frankreichs Angelegenheiten entscheidend sprechen wollten. Man sieht hieraus, wie klein und ohnmächtig man sich durchgängig die französische Nation gedacht habe: und wer hatte dieß veranlaßt?

Hier wurde auch der Befehl gegeben, daß die Weiber, welche sich bey den Re-

gimentern als Wäscherinnen, Marketen-
derinnen u. dgl. befanden, forthin jedes-
mal von den Profosen jedes Regiments
geführt und begleitet werden sollten. Der
Befehl, daß die Weiber überhaupt einen
Begleiter und Aufseher haben sollten, war
weder überflüßig noch unnütz: denn diese
Kreaturen, welche größtentheils der Aus-
wurf ihres Geschlechts sind, — denn
welches Weib von einiger Delikatesse wird
sich wohl entschließen, einer Armee zu
folgen? — begiengen allerhand Excesse:
sie liefen in die Gärten und Dörfer, und
nahmen, was sie vorfanden. Aber daß
sie gerade von den Profosen geführt werden sollten, war ihnen doch zu despektir-
lich: sie räsonnirten deßwegen gewaltig,
und schimpften auf die Profose ohne Aufhören: wollten ihnen gar die Augen aus-
kratzen, und stellten sich so wüthend, daß

es

es den armen Profosen angst und bange ward. Endlich geschah in der Sache zum Beßten der Weiber eine Aenderung, und ein Unterofficier mußte sie führen. Diese Einrichtung wurde anfangs genau befolgt, hernach aber ließ man die Weiber wieder gehen, wohin und wie sie wollten, und bestrafte die Excesse nicht mehr, welche sie mit Rauben und Stehlen in Frankreich reichlich verübten. — Das war also eine unedlere Art von Poissarden aus Preußen!

Sechster Brief.

So lang ich lebe, werde ich den 19ten August des Jahres 1792 nicht vergessen: denn das war der Tag, an dem wir in Frankreich eingewandert sind, und der-
gleich-

gleichsam prognosticierte, wie es uns in diesem Lande ergehen würde. Wir brachen am 18ten dieses Monaths mit dem Lager bey Montfort auf, wurden unterwegs bis auf die Haut naß, ravagirten hernach die Erbsenäcker, aßen uns an Erbsen satt, und setzten am folgenden Tag den Marsch nach der französischen Gränze fort.

Früh Morgens beym Ausmarsch war es kalt, wie im November: der Wind gieng rauh, und der Himmel war trübe. Nachdem wir wirklich über die Gränze gekommen waren, wurde Halt gemacht, weil man erst überlegen mußte, an welchem Orte das Lager aufgeschlagen werden könnte. Die Reuterei hielt auch stille. Vor Müdigkeit legten wir uns zur Erde: kaum lagen wir, da fieng es an zu tröpfeln, und hernach regnete es stärker. Der Re-

gen

gen war kalt, wie Eistropfen. Auch hier wurden wir von neuem bis auf die Haut naß, und waren vor Kälte beynahe erstarrt, als wir weiter marschieren mußten.

Der Boden in Lotharingen ist eitel Leimen, und deshalb war der Weg so schlimm, daß wir kaum fort konnten, besonders da die Kavallerie vor uns auftritt, und den Weg noch mehr verderbte. Wir waren auch nicht auf der Chaussee geblieben, wo das Geschütz und Feldzeug gefahren wurde: wir marschierten querfeld ein. Das Querfeldeinmarschieren ist in diesem Feldzuge überall bey uns sehr gebräuchlich gewesen, muß auch oft seyn; aber nicht allemal. Endlich nach vielem Fluchen und Schimpfen auf das Franzosenland kamen wir an den Ort, wo das Lager aufgeschlaschlagen werden sollte. Wir waren alle durch naß, und zitterten am ganzen Leibe vor Kälte und Näſſe. Aller Muth war weg, und wenn ein Feind da geweſen wäre, wir hätten uns ergeben oder erliegen müſſen. Niemand von den Unſrigen wäre im Stande geweſen, eine Flinte zu laden, vielweniger, ſich mit Kraft und Muth zu vertheidigen.

Nun waren keine Zelter da: die Packpferde hatten wegen des ſchlimmen Weges nicht folgen können: wir mußten daher unter dem freien Himmel im kälteſten Regen ſo, wie wir waren, ſtehen bleiben, und wurden immer ſteifer und verklemmter.

Endlich befahl man, daß Holz und Stroh aus den benachbarten Dörfern herbeybeygeschaft werden sollte. Man stelle sich leicht vor, daß die Kommandierten nicht säumten, sich durch Laufen und Arbeiten Bewegung, Wärme und Nahrung zu verschaffen.

Das Futter für die Pferde wurde vom Felde genommen, wo der Waitzen und der Haber von den Knechten abgemäht, und auf Strohbänken klein geschnitten wurde. Ein ganz großes Feld war innerhalb einiger Stunden leer.

Das erste französische Dorf, das herhalten mußte, hieß Brehain la Ville, ein schöner wohl gebauter Ort. Die Einrichtung der Häuser verrieth vielen Wohlstand; aber binnen einer Stunde glich das ganze Dorf einer Einöde.

Die

Die Soldaten von verschiedenen Regimentern zeichneten sich bey der Plünderung am thätigsten: Edle Chefs, die auch im Feinde den Menschen zu respektiren wußten, drangen auf Mannszucht und Schonung.

Die Männer aus dem Dorfe hatten sich weggeflüchtet: die Weiber waren geblieben, konnten aber nicht hindern, daß nicht alles, was für den Soldaten zu benutzen war, mitgenommen, und das Uebrige zerschmissen und verdorben wurde. Das Herz that mir oft wehe, wenn ich schadenfrohe Knaben von Kriegern Steingut und schöne fayancene Schüsseln und Teller, die man weder mitschleppen noch brauchen konnte, zerschlagen sah.

Die Dorfleute jammerten, und schrieen einmal übers andere: o mon Dieu! o la o la Misère! und unsre Soldaten lachten ihnen hiebey ins Angesicht, und rabotierten von Patrioten. Es ist etwas entsetzliches, wenn menschliche Einrichtungen den Menschen über die der Natur hinwegsetzen helfen! Die Grausamsten und Habsüchtigsten, wie ich bemerkt habe, sind bey solchen Vorfällen die, welche hülfsbedürftige Eltern, Frau oder Kinder hinterlassen haben, denn auch für diese soll bey solchen Gelegenheiten mitgesorgt werden.

Die Officiere, welche mitgeritten waren, waren keinesweges im Stande, den plündernden Soldaten aufzuhalten: es wurde auch manches in Rücksicht des abscheulich schlimmen Wetters übersehen.

Fast in allen Häusern fanden wir Patronen, Pulver und Bley nach der neuen

Einrichtung in Frankreich, vermöge welcher jeder Unterthan, jeder Bürger sich mit Kriegsmunition versehen muß.

Statt des Strohs, weil keins da war, nahm man das ungedroschne Getraide, und trug es ins Lager: wir haben überhaupt in Frankreich auf Getraide besonders auf Waitzen gelegen, und eine ungeheure Menge davon verdorben und verschleudert.

Die übrigen Dörfer, sogar das, wo der König logierte, hatten eben das Schicksal, was Brehain la Ville gehabt hat.

In dieser Gegend versteht man noch etwas deutsch, ob es gleich nicht gesprochen wird.

Erst

Erst gegen Abend schlugen wir die Zelter auf, hatten aber eine sehr schlimme Nacht, weil wir über und über naß waren, und auf nassem Stroh liegen mußten. Dabey waren die meisten von Kopf bis zu Fuß voll Koth und Schlamm, besonders die, welche Schaafe auf dem Rücken herbeygetragen hatten.

Den folgenden Tag lag das ganze Lager voll Schaafshäute und voll Eingeweide von Schaafen und Schweinen, wie auch voll Federn von geraubten Hünern und Gänsen.

Der Herzog von Braunschweig erfuhr diese Plünderung bald, und den Augenblick ließ er scharfe Befehle ergehen, daß dergleichen nicht mehr gestattet, sondern ernstlich und scharf bestraft werden sollte.

Dieser Befehl wurde anfangs beobachtet, in der Folge aber mannigfaltig vernachläſſigt, wie ich deutlich beweiſen werde. Indeß wen wundert dieß! Der hungrige Bauch hat keine Ohren! —

Den folgenden Tag war ſchönes Wetter: wir brachen ſpät auf, die Avantgarde war aber ſchon frühe marſchiert, und ſchlugen unſer Lager ohnweit Longwy an einem Gehölze auf.

An dieſem Tage foderte der Herzog, der mit Geſchütz und einigen Bataillons vor Longwy gerückt war, die Uebergabe der Feſtung: man ſchlug ſie ab, und das Kanonenfeuer nahm ſeinen Anfang.

Als die geringe Garniſon von Longwy ſahe, daß es Ernſt wurde, entſchloſſen ſie

sie sich zur Uebergabe, damit das hübsch gebaute Städtchen nicht zerschossen werden möchte. Sie kapitulierten also, und erhielten freyen Abzug. Den Bürgern wurde alle Freyheit zugesichert; und so besetzten die Preußen die Festung Longwy in Lotharingen.

Konnte sich denn Longwy nicht länger halten? Allerdings! Aber hier ist der Ort noch nicht, zu untersuchen, warum es nicht geschah: das soll einmal geschehen, wenn ich von der Uebergabe der Festung Verdün reden werde.

Als Longwy so leicht übergangen war, prophezeihte man abermal stark, daß ganz Frankreich binnen drey Wochen ruhig seyn würde. Ja wohl, binnen drey Wochen! —

Die Emigrirten hatten behauptet, daß alles in Frankreich drunter und drüber gienge, daß Hunger und Mangel aller Orten einrissen, daß der Feldbau und andere Gewerbe darnieder lägen u. s. w. Alles dieses war, wie ich fand, falsch und erlogen. Ich habe den Ackerbau nie blühender gefunden, als eben 1792 in Lotharingen, Clairmontois und Champagne. Die Gärten waren auch gut bestellt, die Viehzucht, Schäfereien u. dgl. vortreflich: kurz, man erblickte sichtbaren Wohlstand aller Orten, wohin man kam. Auf den Dörfern hatten die Leute ihre besten Sachen natürlicher Weise auf die Seite geschaft, und sich entfernt; doch fanden die feindlichen Soldaten noch immer genug, ihre Plünderungssucht zu befriedigen.

Ich

Ich hatte oft Gelegenheit, mit Landsleuten zu sprechen, und sie über den jetzigen Zustand auszufragen. Ich erhielt von allen, ohne Ausnahme, die befriedigende Antwort, daß seit der Revolution alles besser gienge, alle Dinge wohlfeiler wären, und für die Zukunft große Hoffnungen und frohe Aussichten da wären. Das Pfund Salz, zum Beyspiel, kostete zur Zeit der Verpachtung und der alten Domination 5, 6 bis 7 Sous: jetzt nur 2 Sous. Ich werde bald hievon nähern Bericht ertheilen, und manchen Widerspruch, den man etwan auch aus unsrer Erfahrung hernehmen könnte, gründlich heben.

Die Lotharinger sind bey weitem nicht so fein, als die übrigen Franzosen; jedoch sind die Dorfleute in Lotharingen weit feiner, als die Stadtleute im Trierischen,

Mainzischen, in der Pfalz und in andern deutschen Provinzen.

Da die weiße Farbe die königliche und antipatriotische ist, so hatten alle zurückgebliebenen Leute, zu denen wir kamen, die Vorsicht, weiße Kokarden anzustecken, und auf allen Dörfern, die wir paßirten, weiße Fahnen auszuhängen. Die weißen Kokarden und Fahnen sind aber hernach bald wieder verschwunden. Bey Longwy standen wir über acht Tage. Das Wetter war größtentheils abscheulich: es regnete beynahe ohne Aufhören, und die Krankheit der Diarrhoe zeigte sich hier fast allgemein. Unsre Soldaten fiengen an, ihre Farbe zu verlieren, wurden matt, und mußten die ganze Zeit in den Zeltern liegen. Alle Munterkeit war aus der Armee verschwunden, und täglich brachte man die Kranken haufenweise nach Longwy

Longwy ins Lazareth. Dazu kam noch die Seltenheit und Theurung aller Lebensmittel. Sogar der Branntewein, dieses erste Element des Soldaten, ohne welches eine Armee zu nichts wird, wenn der Mangel daran lange anhält, ward rar, und schlug von Tag zu Tag auf. Doch war noch immer Fleisch — zwar elendes mageres — zu haben, woran man Brodsuppen kochte. Das Wasser in dieser Gegend ist ungesund, und befördert den Durchfall zum Erstaunen.

Ich habe in ganz Frankreich keinen Gesang, kein lustiges Wort, keinen Spaß von unsern Kriegern gehört: ein sicherer unfehlbarer Beweis, wie es ihnen zu Muthe war.

Unsre Gezelte sind von dünner Leinwand gemacht: das Regenwasser drang aller Orten durch, und wir lagen darunter beynahe

nahe wie unter freiem Himmel. An Putzen und Waschen und sonstige Reinlichkeit war gar nicht zu denken; daher fand sich auch ein gewisses Ungeziefer, diese große Plage der Soldaten im Felde, ein, und marterte sie gewaltig: es half auch kein Widerstand, und selbst die, welche sonst noch so reinlich zu seyn pflegten, hatten doch Ungeziefer die Fülle.

Unsre Hauptleute erfanden hier ein Mittel, sich Milch zum Kaffee zu verschaffen, welche sehr rar war. Sie schaften sich nämlich Ziegen oder Geisen an, welche auf dem Marsch an die Packpferde gebunden wurden, und ordentlich hinterher liefen. Man hatte sie den Dorfleuten entrissen und führte sie in großer Anzahl bey der Armee. Diese Thiere fraßen Fourage wie die Pferde, und Graß, und wurden

den sehr wohl gehalten. Viele davon sind noch da.

Der Wald, um welchen das preußische Lager stund, gehörte einer Abtey. Er wurde innerhalb zehn Tagen so zusammengehauen, daß er sich in funfzig Jahren nicht wieder erholen wird. Die Felder wurden auch weit und breit verwüstet. Vom Waitzen und anderm Getraide wurde beim Fouragiren gewöhnlich mehr geschnitten, als man verbrauchen konnte. Doch gieng niemand in die Dörfer, und während unsers Aufenthalts bey Longwy ist kein Dorf förmlich ausgeplündert worden, ob es gleich an kleinern Mausereien nicht fehlte.

Die Landleute brachten uns von ihrem schönen Weißbrod ins Lager, das sie aber sehr theuer verkauften. Ein Brod dieser Art von einigen Pfunden kostete einen halben

ben Thaler. Dieß Weißbrod ist anfangs lieblich zu essen, allein nach und nach wird man es überdrüßig. Ich habe bey Verdün hievon die Erfahrung gemacht.

Einigemal wurde aus dem Magazin, das die Patrioten in Longwy gehabt hatten, Proviant unter die Soldaten vertheilt, nämlich Branntewein, Wein, Rauchtaback, Speck, Bohnen, Erbsen, Salz u. dgl. Die Franzosen versehen sich gar herrlich in ihren Festungen; und ihre erste Sorge geht allemal und vorzüglich auf die Verproviantirung der Truppen. In Longwy war wenigstens so viel Vorrath, daß eine Besatzung von 1000 Mann sich über ein Jahr hätte behaupten können. Sie waren auch sehr gut mit Feldmunition versehen gewesen. Diese Vorsorge ist beym Militär, zumal im Kriege, durchaus nöthig: denn so lange der Soldat hat noch zu essen und zu trinken hat, hat er guten Muth, und ist bey allen Strapatzen zufrieden und thätig; fehlt aber der Mundvorrath oder bricht man ihm an den nöthigen Lebensmitteln ab, so wird er misvergnügt, und ist leicht zu besiegen.

Verschiedene Regimenter hatten die Erlaubniß, Kartoffeln und Möhren oder gelbe Rüben vom Felde zu holen, und für sich zu kochen. Aber das durften nicht alle Regimenter.

Die Kavalleristen haben es zwar in dieser Rücksicht sonst besser, als die Infanteristen: denn sie kommen aller Orten hin, stehen unter keiner so strengen Aufsicht, und haben daher Gelegenheit, manches von Kochspeisen und andern Dingen Beute zu machen: allein im jetzigen Feldzuge haben sie eben so sehr über Hunger und Noth geklagt, als die Infanteristen.

Zur

Zur Ursache unsers langen Stehens bey Longwy gab man an, daß man auf die Ankunft der kaiserlichen Armee wartete; Andere faselten sogar vom nahen Frieden! Unsere Herren Hauptleute hatten schon an der bisherigen kleinen Probe genug, und verwünschten den Feldzug in Abgrund der Höllen. Ihre Bequemlichkeit fehlte: sie mußten eben so das kalte nasse Wetter empfinden, und im Koth herumpatschen, wie die Soldaten. Der Hunger quälte sie auch; und das rohe Kommißbrod war oft ihre einzige Speise. Freilich ist das gar ein anderes Leben, als das in der Garnison, oder auf einem Feldzug, wie vor zwey Jahren der Schlesische war!

Die Vorposten scharmuzirten einigemal, und einige Gefangene wurden eingebracht.

Siebenter Brief.

Von Longwy gieng der Marsch durch den abscheulichsten Leimen übers Queerfeld gerade nach Verdün zu. Ich freute mich, diese alte berühmte Stadt zu sehen, welche zur Zeit des Hugenotten-Krieges — wie man heilig versichert — die Ehre gehabt hat, von der heil. Jungfrau Maria gegen die Kanonen der Ketzer sichtbarlich in Schutz genommen zu werden. Daß doch gar ein heiliges Weib sich mit Soldaterey abgegeben haben soll! Wer verargt es denn einer Anselme, den Mädchen Fernig's und andern Französinnen, in neuern Zeiten! Es giebt doch nichts neues unter der Sonne. —

König Heinrich der zweyte von Frankreich, riß Verdün nebst Metz und

und Toul vom Reiche, da er sich in ein Bündniß mit den Protestanten eingelassen hatte. Und was will man jetzt? — Rechtgläubig — irrgläubig: Religion, Altar und Priester — man denke doch, welch glänzenden Vorwand die liebe Politik von jeher aus der hierarchischen Kirchengrube entlehnet hat! Mein Reich, sagte aber Christus, ist nicht von dieser Welt; und die Departements vieler Christen haben ihren eignen Pabst, trotz Luther und Rousseau. —

Wir machten von Longwy nach Verdün nur zwey Märsche, welche aber so stark waren, daß viele, gar viele Soldaten liegen blieben, auch einige sogar starben vor Hitze und Entkräftung.

Einige Meilen von Verdün liegt die bekannte Abtey Chatillon, welche nun von ihren Castraten uns Himmelreich —

ge-

geleert, und weltlichen Besitzern übergeben ist. Ich sprach mit einem Windmüller am Wege und erfuhr von ihm, daß die Gebäude der Abtey nebst den dazu gehörigen Gärten von der Nation für 46,000 Livres verkauft wären, und daß der neue Besitzer einige Gebäude davon niedergerissen, und die Materialien derselben an die herumliegenden Landbewohner verkauft habe, die sie denn benutzt hätten, Häuser, Scheunen u. dgl. davon aufzuführen. Er selbst habe vor Zeiten seine Mühle in Pacht gehabt; sey aber jetzt Eigenthümer davon geworden, wie auch von einigen hübschen Aeckern: und alles das habe er für 1600 Livres! Auf diese Art — sagte ich — sind die Güter doch zu wohlfeil verkauft worden! Warum zu wohlfeil? versetzte der Windmüller. Die Mönche erhielten sie vorzeiten noch wohlfeiler — auf einen

J Zahl-

Zahlpfennig für die Ewigkeit, der in diesem Leben nichts kostet, auf ein — **Gott wird es lohnen!** Diese Münze hat aber heutzutage ihren Stempel verlohren, und unsere Nation bedarf einer, die reeler klingt. Wir haben Schulden, wir haben Krieg: es ist daher nothwendig, daß die Nationalversammlung die Pfaffengüter als ein koloriertes Fidecommiß der Nation, der sie doch vorzeiten entrissen sind, nicht ganz wegschenkt, oder wie es sonst seyn könnte, unter die Bauern vertheilt; sondern sich etwas weniges dafür bezahlen läßt. Auf diese Art ist der Nation und den Nationalen geholfen. — Ich fand die Antwort des Windmüllers gegründet, und gieng vorwärts.

Auf allen Dörfern fanden wir neue Häuser, neue Scheunen, welche theils schon fertig da standen, theils noch gebaut wur-

wurden. Ich freute mich über dieses sichtbare Zeichen des in Frankreich wieder aufkeimenden Wohlstandes, und sprach deshalb mit einem Bauer ausführlicher. Es ist auch einmal Zeit, sagte dieser, daß wir anfangen, unsre Gebäude zu verbessern. Zur Zeit der Alleinherrschaft des Königs (du tems du despotisme royal) gab es immer so viel Erpressungen, daß es dem gemeinen Mann unmöglich wurde, an seinem Hause etwas zu verbessern, geschweige gar etwas Neues bauen zu lassen. Unser Hof, Adel und Priesterstand verschlang alles, und uns arme Landleute schindete man bis aufs Blut und den letzten Heller! Da mußte freilich alles zerfallen, und wir sehen uns jetzt genöthigt, entweder neu zu bauen, oder das Alte auszuflicken. Wohl uns, daß wir es nur können! — Ich machte einige Herren auf diesen Beweis,

J 2 daß

daß die Emigrirten von dem neuen Zustande Frankreichs falsche Vorspiegelungen gemacht hätten, aufmerksam, und sie gestanden, daß ich Recht hätte.

Die Wälder, deren es in Lotharingen viele und sehr ansehnliche giebt, sind jetzt meist unter die Dörfer und Städte vertheilt; es wird aber streng darauf gehalten, daß die Bauern die Waldungen nicht zerhauen und zu Grunde richten. Die neue Forstordnung für Lotharingen ist ein Meisterstück einer guten Land-Oekonomie: sie enthält nichts von frohndienstlichen Holztagen und andern herrschaftlichen Bedrückungen, die in einigen Gegenden Deutschlands den geplagten Landmann zu Grunde richten. Die Lotharingischen Bauern gehen im Jahre einmal 14 Tage nach einander ins Holz, wo sie unter der Aufsicht eines erfahrnen Försters so viel

Holz

Holz fällen, spalten und häufen, als für ihren Distrikt nöthig ist. Diese Haufen werden endlich, wenn sie ausgetrocknet sind, unter die Bauern und Bürger vertheilt, und nachher darf niemand mehr Holz holen. Aus den Wäldern selbst wird dann auch kein Holz weiter verkauft: wer einiges haben will, muß es bey einem suchen, der von seinem Antheil etwas entbehren kann. Für Anpflanzung und Reinigung des Holzes wird auch gemeinschaftlich und unter Aufsicht gesorgt.

Schon vier Stunden von Verdün hörten wir stark kanoniren. Es war die Verdüner Besatzung selbst, welche herausschoß, sobald sie die Armee der Emigrirten bemerkt hatte. Diese hatte sich links der Stadt hingezogen. Es war kein anhaltendes und regelmäßiges Feuer, und hörte bald auf.

Wir schlugen unser Lager eine halbe Stunde von Verdün auf, diesseits einer Anhöhe, so daß wir die Stadt selbst nicht sehen konnten.

Am folgenden Tag ließ der Herzog die Festung zur Uibergabe auffordern: aber diese wurde abgeschlagen, und der Kommandant ließ sagen: daß er eher umkommen, als die Stadt übergeben würde. Er hat auch Wort gehalten.

Verdün ist, als Festung betrachtet, nicht weit her. Die Werker sind altfränkisch. Die Cidatelle liegt zwar hoch, doch kann man von einem nahen Weinberge Stadt und Cidatelle in Grund schießen, ohne daß die Besatzung den Batterien der Belagerer viel schaden könnte. Das wissen die Franzosen selbst: denn man hat seit 200 Jahren wenig für die Verbesserung der Verdüner Festungswerker gethan. Man sahe

sahe ein, daß es leicht wäre, sie einzunehmen, wenn es dem Feinde gelänge, nur bis dahin erst vorzudringen. Deßwegen legte man auch die beyden zwar kleinen, aber guten Forts an, Longwy und Thionville, welche Verdün an Festigkeit und Haltbarkeit weit übertreffen. Der Herzog von Braunschweig, nachdem er sahe, daß er ohne Feuer Verdün nicht erobern würde, ließ Batterien aufwerfen, Geschütz anfahren, und in der Nacht vom 30. September mit Beschießen den Anfang machen. Einige Granaten fielen in die Stadt, und zündeten in einigen Häusern. Der menschenfreundliche Fürst, welcher keineswegs eine Stadt, wie Verdün, zu Grunde richten wollte, ließ von Zeit zu Zeit mit dem Feuern einhalten, um den Belagerten Zeit zu lassen, ihre Maaßregeln zur Uibergabe zu ergreifen.

fen. Man schickte hin und her; bis endlich die Bürgerschaft, oder vielmehr das Conseil executiv, den Kommandanten auffoderte, die Stadt zu übergeben. Man muß bemerken, daß dieß Conseil von der Nationalversammlung dazu angesetzet war, daß es die Verrätherenen der Kommandanten in den Festungen verhindern sollte. Da es aber größtentheils aus Municipalen besteht, die in den Festungen selbst angesessen sind, und folglich bey einer hartnäckigen Belagerung mehr zu verlieren haben, als der National-Kommandant; so ziehen sie das Wohl ihrer Stadt dem Wohl ihrer Nation vor, und nöthigen die Kommandanten zur Uebergabe. So ist es in Longwy gegangen, so auch in Verdün. Billig sollte daher dieß Conseil, wenigstens mehr als zur Hälfte, aus National-Deputirten anderer Städte bestehen,

stehen, oder alle Kommandanten müßten ein — Wimpfen seyn.

Also dieß Verdüner Conseil executiv hatte den Kommandanten aufgefodert, die Stadt zu übergeben. Es hatte unverholen geäußert: sie hätten keine Lust, bey gesundem Leibe umzukommen, oder endlich gar zu verhungern, und wären durchaus nicht gesonnen, ihre Stadt nebst Haabe und Gut durchs feindliche Feuer verwüsten zu lassen.

Der Kommandant, ein Mann voll wahren Muths und des edelsten Patriotismus, verehrte den Posten, den er bekleidete, und wollte ihn nicht anders, als mit dem Leben aufgeben. Es schien ihm zu schändlich, eine Stadt in den Händen der Feinde sehen zu sollen, welche ihm von der Nation zur Vertheidigung anvertraut war. Mit männlichem Unwillen soll er also über die

Feigheit der Einwohner gezürnt haben, noch mehr aber über die kriechende Ergebenheit des Verdüner Raths, und endlich nach langem Widerstande in die Worte ausgebrochen seyn: „Nun gut, meine „Herren, ich habe geschworen, mich nur „todt zu ergeben: überlebt Eure Schande, „und eure Unehre, weil ihr es könnt! „Was mich betrift, ich bleibe meinem Eide „getreu, und hier ist mein letztes Wort: „— ich sterbe frey!„ und damit erschoß er sich durch ein Pistol.

Es läßt sich denken, daß diese große, ächtrepublikanische Handlung bei den feigen Memmen des Conseils betäubendes Stutzen hervorbrachte: aber was halfs? Die Ueberleger waren kleine furchtsame Seelen, und fanden nach engbrüstiger Berathschlagung für gut, einem elenden Menschen, Namens Nyont, die Komman-
dan-

dantenstelle anzuvertrauen, und sich — zu ergeben.

Man hat über diesen Schritt des Kommandanten verschiedentlich geurtheilt. Viele verdammten ihn als einen Feigherzigen. Dieses Urtheil mißfiel mir äußerst: ich sehe nämlich bey einem Selbstmorde von der Art nichts weniger, als Feigherzigkeit. Andre hingegen lobten den Mann, als einen zweyten Cato: und diesen stimmte ich von ganzem Herzen bey. Ich habe mich hernach in Verdün nach dem Karakter dieses Helden erkundigt, und lauter Gutes von ihm eingezogen. Er war einer der größten Verfechter der republikanischen Freiheit Frankreichs. Er hieß Beaurepaire.

Es hat mich gefreut, daß man ihn, wie ich höre, auf dem Nationaltheater zu Paris apotheosirt hat. Auch soll man ihm
zu

zu Ehren auf dem dortigen Theater du Palais ein Schauspiel aufführen unter der Benennung: Der Tod des Beaurepair's. So patriotisch lohnen die Neufranken: und so was lockt weit mächtiger, als alle Ordensbänder und Kreuzer!

Die verrathene Garnison hatte also kapitulirt: und man hatte ihr freien Abzug gestattet. Sie zog denn ab, mit klingendem Spiel, und die Preußen rückten ein.

Oben auf der Citadelle ist ein großer Platz, den man seit der Revolution den Freiheits-Platz (place de la Liverté) nannte. Auf diesem Platz stand der Freiheitsbaum, eine große Stange, auf welcher eine blechne Freiheitsmütze, mit Freiheitsfarben bemahlt, befestigt war. Die Preußen rissen die Mütze herab, zerschlugen sie, und legten sie auf ein dazu errichtetes Pflugrad. Es währt aber alles nur

nur eine Zeitlang! Denn nach unserm Abzuge wurde die Freiheitsmütze wieder errichtet.

Die Verdüner Posamentirer hatten nach unserm Einzuge Tag und Nacht an weißen Kokarden zu arbeiten: denn von nun an trug alles weiße Kokarden: Bürger, Bauer, vornehme Leute, Pfaffen, sogar Kuttenpfaffen oder Mönche: alles trug weiße Kokarden. Diese sind aber hernach bald wieder verschwunden, und mit Nationalkokarden vertauscht worden. Eben so wurde auch die weiße Fahne, welche auf einem der Domthürme wehete, wieder herabgeworfen, nachdem die Preußen aus hoher Noth für gut fanden, sich kleinlich zurück zu ziehen.

Ein Bataillon vom Regimente des Herzogs und eins vom van Schönfeld besetzte Verdün, wechselten aber hernach mit andern ab.

Hier wurde ordentlich souragirt für die Leute im Lager, indem die Soldaten die Kartoffeln, Bohnen und Möhren weit und breit zusammen schleppten. Die Kartoffeln waren noch nicht völlig reif; die Bursche fraßen sie aber übermäßig hinein, und der Durchfall ward jetzt allgemein. Viele mußten von hier aus dem Lager nach dem Lazarethe zu Longwy gebracht werden! Kaum waren halbe Kompagnien noch im Stande, Dienste zu thun: die andern befanden sich entweder im Lazareth, oder lagen doch so matt und krank in den Zeltern, daß sie zum Dienste unbrauchbar waren. Die Bursche suchten sich zwar mit Pfeffer, Galgant und andern Mitteln zu helfen; aber das alles war doch unzulänglich. Sogar vor der

der Fronte floß der dünne nicht selten blutige Unflat so, daß es niemand ohne Ekel und Abscheu sehen konnte. Einer von den emigrirten Officieren ritt einmal vorbey; und beschwerte sich gar sehr über diese Ausleerungen der Soldaten vor der Fronte, das mache mal au Coeur, meynte er. — Das sind militairische Accidenzien, erwiederte ihm ein preußischer Lieutenant, der ihn begleitete: wer so was nicht sehen und riechen kann, muß bey der Mama bleiben! Der delikate Franzmann schwieg, und ritt weiter.

Verdün ist eine mittelmäßig große Stadt, mit schönen Gebäuden. Vorzüglich zeichnet sich der Pallast des Bischofs aus, welcher ein vortrefliches Gebäude ist. Die Domkirche ist eine der schönsten Kirchen, die ich je gesehen habe: auch ist

die

die Benediktinerkirche auf der Cibatelle ein zwar altes aber ansehnliches Gebäude.

Die Bürger der Stadt sind artige feine Leute, sprechen sehr gut französisch, weit besser als die in Longwy. Besonders giebt es hier sehr schöne Frauenzimmer, meist schwarz an Haar und Augen; aber an Haut weiß wie Schnee, und sanftweich, wie Atlaß. Ziererey ist nicht ihre Sache, aber auch fade Koketterie nicht. Ihr Betragen ist offen, jedoch mit Beobachtung des Wohlstandes. Ein erhitzter Romanenheld würde hier seine Rechnung bey den wenigsten finden. Auch Mädchen von der Volksklasse halten auf eine gewisse Art von Delikateffe. Rohe Wüstlinge mußten hier größtentheils Verzicht auf Eroberungen thun; und verfeinerte Wollüstlinge mußten sich hüten, ihren Trieb oder ihre Zuneigung in in unanständigen Worten oder Geberden zu äußern.

Uebrigens lobe ich es an den Franzosen, daß sie ihren Weibern und Töchtern allen Umgang mit dem männlichen Geschlecht gestatten. Sie sind in diesem Stück gar nicht eifersüchtig, und werden daher auch weniger wie mich dünkt, überlistet, als die Argusse, welche aller Orten den Hüter und Wächter ihrer Weiber und Töchter spielen wollen. Fort mit den Argussen! Sie machen aufmerksam, und reizen zu dem, was sie verhüten wollen.

Das Embrassiren oder Küssen ist bey den Franzosen sehr Mode, und als Landessitte eine Handlung, worauf keine Seele Rücksicht nimmt. Wer gern küßt, muß nach Frankreich gehen, und er wird sich laben können.

K Im

Im Handel und Wandel sehen die Franzosen sehr auf Ehre. Man mag das, was man kaufen will, kennen oder nicht, man erhält etwas Gutes. Sie machen sogar selbst auf das Bessere merken. Ausnahmen giebt es aber auch hier, wie überall.

Aufgeweckter und heller sind die Franzosen im Durchschnitt mehr, als die Deutschen. Ihr Temperament und ihr ehemaliger Druck hat sie raffiniren gelehrt. Sie sind jetzt um so eifrigere Republikaner, je lästiger ihnen vorhin die Monarchie geworden ist.

Damit man sehe, wie ein heller Franzose seine Freyheit mit Gründen vertheidige, so will ich eins meiner Gespräche darüber mit einem Verdüner Klempner hersetzen. Er hieß Mr. Pierrot, und wohnt auf den petits escaliers.

Ich

Ich. Sie gestehen mir also ein, daß Obrigkeiten nöthig sind, und daß der Staat ohne sie nicht bestehen kann!

Pierrot. Allerdings! aber nur keine Despoten d. i. keine solche, deren Willen auch Gesetz für die Untergebenen ist. Die Obrigkeit ist bloß Handhaberin der allgemeinen Gesetze, um sie auf die besondern Fälle anzuwenden.

Ich. Aber es steht ja der Obrigkeit zu, Gesetze zu geben!

Pierrot. Wo steht das geschrieben? Die Obrigkeit darf keine Gesetze geben: das gehört für die Nation, oder vielmehr für den aufgeklärtern Theil derselben, wozu freilich auch die Obrigkeit gehören muß. Gesetze sind wie die Arzeney. Die Nation selbst kennt ihre Wunden, ihren Druck, ihre Bedürfnisse gewiß besser, als die Herren Könige mit allen ihren Ministern.

Diese Herren haben von Jugend auf größtentheils alle etwas anders zu thun, als sich um die Kenntniß des menschlichen und bürgerlichen Elends, und um die Mittel, es zu heben oder zu lindern, viel zu bekümmern. Wie sollten sie also im Stande seyn, angemessene Mittel dawider durch Gesetze anzugeben? Vorschläge zu Gesetzen kann die Obrigkeit allenfalls machen, aber durchaus keine Gesetze selbst.

Ich. Sie verwerfen also alle souveräne Gewalt?

Pierrot. Allerdings! Souveräne Gewalt streitet mit der natürlichen Freiheit des Menschen, ist daher der Natur des Menschen zuwider, und kann von einem aufgeklärten Volk nicht geduldet werden.

Ich. Sie behaupten viel!

Pierrot. Aber nicht zu viel! Kennen Sie den Essai sur les Priviléges vom Abbé Syèyès?

Syèyès? oder das Buch des droits et devoirs des Citoyens par l'Abbé de Mably? oder den Essai de catéchisme national?

Ich. Nein!

Pierrot. Ich kann Ihnen damit dienen: und Sie werden finden, daß ich recht habe. Souveräne Gewalt ist ein Staat im Staate, schränkt die allgemeine Selbstthätigkeit und Freyheit ein, macht uns zu Maschinen, befördert das Wohl einiger Einzelnen auf Kosten aller übrigen, und steht der Bestimmung des menschlichen Geschlechts, oder dessen größtmöglicher Vervollkommung, von allen Seiten entgegen. — Lesen Sie die erwähnten Schriften, und ich bin gewiß, Sie sind meiner Meynung.

Ich. Es sagt aber die Bibel: „Jederman sey unterthan der Obrigkeit die Gewalt über ihn hat!." Nun denken Sie, welche Despoten die Kaiser zu der damaligen Zeit waren: und dennoch will Paulus, daß man Ihnen unterthan seyn solle!

Pierrot. Mit der Bibel bleiben Sie immer weg! das Buch ist nicht mehr für uns. Man hat es lange genug benutzt, um den Despotismus und alles, was die politische und religiöse Schwärmerei begünstiget, auf diese oder jene Art daraus zu erzwingen, oder zu bekräftigen. Ueberdieß weiß man, was Paulus bezielte. Man schalt damals die Christen, als Leute, welche der Obrigkeit nicht gehorchen wollten: und um diesen Verdacht und dessen Folgen abzulehnen, setzt Paulus in ein öffentliches Sendschreiben an die Römer, daß jederman der Obrigkeit unterthan seyn sollte. Wir wissen aber, daß nach der geheimern Anweisung, die den Christen gegeben wurde, das Gegentheil statt fand.

Pau-

Paulus wollte nur, man solle sich in die Zeit schicken. Zudem war Paulus ein Emanationist, der Alles, was ist, von Gott herleitet.

Ich. Aber nach dem Naturrecht, nach dem Recht des Stärkern, ist die souveräne Gewalt allerdings gegründet!

Pierrot. Das Recht des Stärkern, Freund, ist das Recht der Tiger: und was ist stärker, das Ganze oder ein Theil: die Nation oder deren Aufseher? Doch lassen Sie hören!

Ich. Wenn ein Volk bezwungen wird, so hat der Sieger Macht, alle die, welche zum Volke gehören, zu ermorden, oder ihnen nach seinem Gefallen Gesetze vorzuschreiben. Denn nach dem Kriegsrecht ——

Pierrot. Ja, nach dem Kriegsrecht! Was ist das für ein abscheuliches Recht, das Kriegsrecht! Doch ich will es gelten lassen!

laſſen! Und dann betrift es doch bloß die,jenigen, welche wirklich gegen den Sieger gekriegt haben; aber nicht wehrloſe Leute, nicht Weiber, und am wenigſten die Nach=kommen. Wenn das Kriegsrecht weiter ausgedehnt wird, ſo bleibt es nicht mehr Recht: es wird offenbare Gewaltthätig=keit und Tyranney. Vielleicht konnte Heinrich II. hier in Verdun nach dem Kriegsrecht verfahren; darf das aber auch Ludwig XVI? Und doch zeigt die Ge=ſchichte, daß die Verdüner unter Heinrich II. beſſer ſind behandelt worden, als unter Ludwig XVI.

Ich. Wenn aber ein Volk ſelbſt auf ſeine Freiheit Verzicht thut, und einem andern ſein Recht überträgt, ſo wird die=ſer Souverän, und er kann nach Will=kühr die Freiheit ſeiner Unterthanen ein=ſchränken.

Pier=

pierrot. Nach Willkühr? Sie sagen wohl mehr, als Sie sagen wollen! Doch näher! Wenn ein Volk einem das Recht giebt, über sich zu disponiren, so muß genau bestimmt werden, wie weit diese Disposition gehen soll und kann — ohne höhern und unveräußerbaren Rechten der Menschen und der Bürger Eintrag zu thun. Sonst ist keine Cession des Rechts möglich; ja selbst nach denen von den Despoten gegebenen geschriebenen Gesetzen ist eine Cession ohne genaue Bestimmung der Grenzen an sich schon null und nichtig. Uebrigens zeigt die Geschichte, daß solche Cessionen niemals förmlich geschehen sind, und daß die Despoten ihr Oberrecht bloß der Gewalt und andern unwürdigen Wegen zu danken gehabt haben, und noch haben.

Ich. Wen nennen Sie einen Despoten?

pier-

Pierrot. Jeden Regenten, der den natürlichen Gesetzen zuwider sein Land und Volk mißhandelt, wie unsre letztern Ludwige gethan haben.

Ich. Ludwig XVI. ist doch nicht sowohl Schuld, als seine Diener, welche unter seiner Regierung, wegen der großen Schwäche seines Herzens und Kopfes, allerhand Bubereien verübt haben!

Pierrot. Desto schlimmer, lieber Mann! Wenn ein schwacher Herr Regent ist, so erzeugen sich allerhand kleine Tyrannen unter ihm, die das Volk aussaugen, wie die Blutigel. Wir habens unter zweyen Königen empfunden. Dank sey es der Vorsehung, daß das Joch endlich einmal zertrümmert ist.

Ich. Wie aber, wenn das Joch wieder von neuem dem Nacken der Franzosen aufgelegt würde? —

Pier-

pierrot. Die Macht von ganz Europa miteinander vereinigt, bringt Frankenland (la terre des Francs) wohl nie wieder unter die alte Sklaverey, und Ihr König auch nicht. Es schmerzt mich, daß ein guter König, wie der Ihrige ist, den unseligen Versuch mitmacht, aus unserm nunmehr freien Volke wieder Sklaven zu machen. Es ist eher möglich, daß Friedrich Wilhelm König der Franken werde, als daß er Ludwig XVI. wieder zu seinem Despotismus aufhelfe.

So sprach ich oft mit meinem Mr. Pierrot, und sahe mit Verwunderung, daß der französische Bürger nicht bloß aus Leichtsinn, sondern aus tief durchdachten Gründen seine Freiheit verfechtet. Pierrots von dieser Art habe ich aber mehr als Tausende gefunden.

„Was

„Was Kleinigkeiten vermögen, — sagte er zu einer andern Zeit, als wir von den nähern und entferntern Ursachen der Revolution sprachen — wissen wir. Oft hat ein Spottgedicht, ein schiefes Wort einer Hofdame, eines Ministers — wichtige Folgen gehabt. Man denke an die Folgen des Benehmens der Herzogin von Marlborough gegen ihre Königin Anna, an — Mad. de Pompadour — an Voltaire und andere. Was Spottgedichte bey uns in Frankreich wirkten, zeigen die Mémoires du Comte de Maurepas.*) Dort stehen sie, ich kann sie Ihnen mittheilen. Es ist merkwürdig, was hier über ein sogenanntes Regiment de la Ca-

---

*) Paris bey Buisson, 1792. IV. Bändchen. Dritte Auflage.

Calotte im dritten Bändchen vorkömmt. Eine Gesellschaft, deren Oberhaupt Hr. A i m o n, Porte - manteau de Louis XVI. war, ein alter Mann, dessen Charakter und Einsicht Achtung einflößte, maßte sich eine Art von censorischem Ansehn an, machte Epigrammen, Gedichte, witzige Einfälle aller Art über die Vorfälle des Tages, und ward am Ende durch den Einfluß, den die Chansons immer in Paris und Versailles gehabt haben, auch in politischer Rücksicht furchtbar. M a u r e p a s selbst war eins ihrer thätigsten Mitglieder. Diese Gedichte gefielen, sie erregten allgemeine Aufmerksamkeit auf die, die sie betrafen, auf Hofleute und Staatsverwaltung. Man fand sie wahr, ward ungehalten über diese wie jene, und tadelte beyde ohne Scheu. Hierdurch entstand eine öffentliche Stimme des Volks. Die
Regie-

Regierung verachtete sie, stolz auf ihre
Truppen, oder vielmehr es fehlte ihr an
Einsicht und Mitteln, diese Stimme des
Publikums zu leiten, sie umzustimmen,
und ihr einen minder schädlichen, minder
aufbrausenden Gang zu geben. Sie
schwankte daher beständig zwischen über-
müthiger Verachtung alles Widerstandes
und furchtsamer übertriebener Nachgie-
bigkeit gegen das Urtheil der Mäßigen
und Witzlinge. Dieses hat für jene Zeit
einen sehr großen Einfluß auf die Vorbe-
reitung der jetzigen Revolution gehabt.
Die Pompadour machte diese censo-
fische Stimme zwar etwas schüchterner;
aber nur für eine Zeitlang. Sie erhob
sich endlich mächtiger, wie alles, was
durch Widerstand gewinnt. Das geschah
zu jener Zeit: in neuern Zeiten wirkte die
Halsbandsgeschichte. Als Talleyrand-
Peri-

Perigord, ehemaliger Bischof von Autun, hörte, daß die Königin sie der Gesellschaft Baudrevil und Polignac mitgetheilt hatte, sagte er gleich den andern Tag dem Champfort voraus: „Geben Sie acht, diese elende Geschichte zieht den Umsturz des Reichs nach sich."
Die Prophezeihung ist eingetroffen. Man sprach laut über Schulden, Banquerout, Sitten des Hofes, der Königinn, der Prinzen, und gieng von da über zu — der Verwaltung des Staats und der Staatseinkünfte. Was alles dieß nach sich gezogen habe, wissen wir als Anfang weit wichtigerer Ereignisse für die Zukunft. So viel vermag ein Minimum! Die Großen achten dergleichen wenig, rechnen auf stehende Armeen, und strafen lieber, als daß sie sich bessern sollten. Sie bleiben daher im alten Gleise. Dieß fällt auf,
man

man tadelt sie laut und allgemein, und man wird dieses so lange treiben, als sie jenes treiben: denn das eine ist das Echo vom andern. Sündiget nicht, heißt es, dann predige ich nicht!„ —

Achter Brief.

Auf der Cidatelle zu Verdün steht eine berühmte Benediktiner-Abtey. Sie hat vortrefliche Gebäude und Gärten, und, wie gesagt ist, eine magnifike Kirche. Als die Revolution anfieng, wurde diese Abtey eingezogen, und die Mönche fortgejagt, weil sie der Nation den Eid weigerten, und mit der ausgesetzten Pension nicht zufrieden seyn wollten. Der patriotische Pöbel hat bey dieser Gelegenheit allerhand Excesse begangen, wie es bey solchen Vorfälfällen gemeiniglich geschieht. In der Kirche wurden die schönen Bilder von Marmor zerschnissen, die herrliche Orgel verdorben, und überall übel gewirthschaftet. Die Zellen und Vorrathskammern wurden ausgeleert, und was damals die Patrioten übrig ließen, nahmen hernach die Preußen. Das Kloster sieht jetzt aus, wie eine Spelunke. Unser König erlaubte zwar den Mönchen zurück zukehren, und den Besitz ihrer Güter und ihres Klosters wieder anzutreten: allein diese ausgeflogenen Vögel mußten wohl merken, daß die Preußen sie auf die Dauer nicht würden schützen können, und daß dann das letztere ärger werden möchte, als das erstere, und blieben, wo sie waren.

Die übrigen Klöster zu Verdün sind gleichfalls leer. Ueberhaupt sind diese Raupennester jetzt für ganz Frankreich zerstöhrt.

L   Bey

Bey dem Anfange der Revolution weigerte sich der damalige Bischof zu Verdün, den Eid, den ihm die Nation vorlegte, zu schwören. Man ersuchte ihn zu verschiedenen malen, sich als einen Unterthan der Nation zu bekennen, und ihr seine Treue durch den Eid zuzusichern; er blieb aber, wie viele andre Bischöfe, bey seinem alten Sauerteig, und schwur nicht. Die Nation erklärte daher den Bischöflichen Sitz zu Verdün für vakant, und untersagte dem Bischof jede bischöfliche Verrichtung. Der gute Herr beharrete aber, nach Priester-Art auf seinem Sinn: die herrliche Domkirche blieb also über ein Jahr verschlossen, bis endlich die Nation seines Zauderns müde, einen Bereitwilligern an seiner Stelle aufrief, den die Stiftsherren auch ohne alle Widerrede annahmen. Der neue Bischof verlohr aber viel von den

Ein-

Einkünften des Bisthums, und behielt nur so viel, als er nöthig hat, um standesmäßig zu leben, nämlich 24,000 Livres, welches allemal für einen Pfaffen genug ist, und mehr als Christus, Peter oder Paul je gehabt haben.

Der Erzbischof zu Trier, von dem das Verdüner Bisthum in spiritualibus und ecclesiasticis, wie die Katholiken sagen, sonst abhieng, beschwerte sich über diese Procedur, und foderte Rechenschaft; allein man erklärte schlichtweg: daß ein französischer Bischof keineswegs von einem deutschen Erzbischofe abhienge: die Nation erkenne ohnehin, wie das Evangelium und die erste Kirche, keine Erzbischöfe und vor allen keine ausländische. Doch zeigte man sich endlich bereit, diese Pfaffensache in der Güte beyzulegen, und die vorgegebenen Eingriffe in die Rechte Anderer zu er-

ersetzen. Man begünstigte aber die Emigrirten, zog in Niederlanden Truppen zusammen, achtete der Anfrage und der Protestation der Neufranken darüber nicht; und so kam es zur Gegenwehr.

Die französischen Bischöfe stehen allein unter der Nation und den vaterländischen Gesetzen: der Pabst hat ihnen nichts mehr zu befehlen: auch giebt es keine Erzbischöfe, Kardinäle, Synoden u. dgl. mehr. Das Wort Ecclesia gallicana, Sanctio Pragmatica hat keine Bedeutung weiter, als eine historische. Kurz die allerchristlichste Nation ist jetzt die allerphilosophischte geworden, und ist mit Riesenschritten dahin gesprungen, wohin Luther und Joseph es noch nicht wagen durften. Aber alles kömmt mit der Zeit! Jetzt darf jeder glauben, was er will: und wenn er dafür hält, daß ihm zu seiner Seligkeit ein Pfaffe

oder

oder ein Glaubenstrompeter nöthig sey, so darf er sich so einen halten, und sich von ihm so oft taufen, absolviren, benedeyt-mahlen und bedhlen lassen, als es seine kirchliche Engbrüstigkeit für gut findet. Er darf sich auch Kirchen bauen oder miethen, um seine Komödie öffentlich zu spielen, und Andere Theil daran nehmen zu lassen. Das alles ist jetzt erlaubt in Frankreich; aber bis jetzt bauen die Hugenotten — nach dem Speichwort: Je mehr Freiheit, desto weniger Anhänglichkeit — noch keine Kirchen; es müßte denn zu Toulouse seyn, wo man 22,000 Thaler dazu zusammen-geschossen hat.

Die hellern Franzosen sind sogenannte Freigeister, und gehen nicht mehr zur Messe. Rosenkränze, Skapuliere, Gotteslämmchen u. dgl. sieht man gar nicht mehr. Die sonst an öffentlichen Straßen gestandne Cruzifixe, Bilder, Heiligenhäuschen und Fratzen sind weggeschmissen; und in dieser Rücksicht merkt man gar nicht, daß man in einem katholischen Lande ist.

Ich war bey einem Buchbinder, wo ich eine große Menge Gebetbücher sahe. Der Buchbinder versicherte mich aber, daß das jetzt ungangbare Waare sey. Seit der Revolution suche und lese man bloß philosophische Schriften, vorzüglich die von Montesquieu, Voltaire, Raynal, Rousseau, nebst den pieces du tems. Von Voltaire's besten Werken sah ich hier eine neue schöne Pariser Ausgabe. — Wie es wohl kommen mag, daß ein gedrucktes Volk gern betet, ein freies aber gleich die Gebetbücher wegschmeißt, und nach philosophischen Schriften greift! Doch Noth lehrt beten, und Schadloshaltung ist

ist überall willkommen! Wenn die Erde nicht will, so muß der Himmel, und umgekehrt. So kroch Carl V. in ein Kloster, und Luther — zu seiner Käthe. In der besten Puppenwelt geht es einmal nicht anders!

Man wird einsehen, daß man den Neufranken zu viel thut, wenn man sie noch katholische Christen nennt, wenigstens in dem Sinn des römischen Hofes: sie haben ja einige Grundlehren des Pabstthums ipso facto zernichtet, z. B. die von der Kirche und deren Gütern, vom Pabst und dessen Ansehn, von den Bischöfen und deren Rechten, von den Sakramenten und mehr dergleichen. Es ist daher nach dem System der Bellarministen auch gewiß, daß die Neufranken Schismatiker, ja Ketzer sind, daß sie keine wahre Priester mehr haben, indem viele derselben nicht von rechtmäßigen Bischöfen geweiht sind, daß folglich ihre Messen Abgötterey, ihre Sakramentenbehandlung gottesschän-derisch, sie also vom Erbtheil Gottes und der Kirche ausgeschlossen, und Summa Summarum — Kinder der Finsterniß und des ewigen Verderbens sind. Und doch kümmern sich die Herren Neufranken um alles das sehr wenig, und fühlen sich bey ihrem jetzigen Glauben so selig, als der Berliner Hermes bey seinem. So relativ wirkt der Glaube!

„Bey dem allen aber bleibt in Frankreich die sogenannte katholische Religion noch die herrschende, ohne aber durch Symbole bestimmt zu seyn: und folglich befinden in dieser Rücksicht die Neufranken sich weit besser, als wir Protestanten in Deutschland, welche symbolische Bücher, Augsburgische Confession u. dgl. haben.

Die

Die Zeit muß es lehren, ob und welche
kirchliche Lehrform man in Frankreich noch
einführen werde. Ich halte dafür, daß
die französische Revolution der heiligen
christlichen Kirche, oder der Hierarchie —
denn das ist doch im Grunde eins! —
eben so das cultellum Præputii an die
Kehle setzen wird, wie sie es bereits der
Monarchie daran gesetzt hat.

Den neuern französischen Bischöfen muß
man es aber lassen, daß sie sehr ehrwür-
dige, thätige Männer sind, unermüdet in
dem Bestreben, den Nothleidenden beizustehen, das Volk und die Jugend in den
wesentlichen Stücken der menschlichen und
bürgerlichen Glückseligkeit zu unterrichten,
Aberglauben, Vorurtheile und Menschen-
schindereyen zu bestreiten, und dabey das im
Wandel selbst zu seyn, was sie lehren,
daß man es seyn solle. Himmel, welch

L 5

ein Unterschied zwischen der Lehr- und Lebensart dieser und der vorigen Bischöfe in Frankreich! — Absichtlich habe ich mich nach den Sitten der Letztern zu Verdun, Chalons und anderwärts erkundiget; aber gar wenig Erbauliches erfahren. Sie lebten wie die großen Kinder der französischen Welt, beobachteten den Buchstaben des trientischen Katechismus, und für das Uebrige hatten sie Vicarien und die Beichte. Sie waren größtentheils nichts weniger, als Muster ihrer Heerde, und ihr asotisches Leben beschimpfte ihren Stand.

Die konstitutionistischen Bischöffe hingegen sind Männer von musterhafter Rechtschaffenheit, die sich bemühen, ihrem Berufe auf alle Art Genüge zu leisten. Ich habe einige Mandemens und Pastorales oder Hirtenbriefe dieser neuen Bischöffe gelesen, welche mich sehr ergötzt

und

und erkannt haben. Das Mandement des Herrn Bischofs von Verdun über den Unterricht der Kinder, ist unvergleichlich. Er erkennt, man müsse den Religionsunterricht blos auf die Moral zurückführen, die Bibel, als ein höchst unverständiges Buch, in den Schulen nicht lesen, statt der biblischen Geschichten, die leicht mißverstanden und ärgerlich gemißbraucht werden könnten, angemeßnere aus der vaterländischen Geschichte vortragen. Gute Künste, Lesen, Schreiben, Rechnen, u. dgl; wären für die Jugend nöthiger, als die Lehren der Dogmatik. Man sollte sich hüten, die zehen Gebote zum Grunde der Moral zu legen. Es wäre überall schädlich; jüdische und einseitige Religionsbegriffe der Jugend oder dem Volke beyzubringen. — Die Kinder sollten fleißig vor dem Aberglauben gehütet, hingegen mit Vaterlandsliebe

liebe und Abscheu gegen Despotismus erfüllt werden. Die Arbeitsamkeit sey die Seele eines guten Staats: die Kinder müßten daher nicht täglich 6 oder 8 Stunden in der Schule am Buche sitzen, sondern mitunter fleißig in allerhand Arbeiten geübt werden, besonders im Akker- und Gartenbau. Die Schullehrer müßten einsichtige und rechtschaffene Männer seyn, und gut besoldet werden u. s. w. Kurz alle Vorschriften dieses Mandements sind vortreflich, und zeugen von den hellen Einsichten und den edlen Gesinnungen des Hn. Bischofs. Es ärgert mich, daß katholische Bischöfe besser denken und lehren, als manche protestantische Bonzen; wenn sie gleich königliche Oberconsistorialräthe, und so orthodox sind, als Hollaz es vielleicht nie gewesen seyn mag.

Ich

Ich muß hier den Artikel vom Geld-Tarif nachholen, der vom Grafen von Schulenburg für uns in Frankreich gemacht wurde. Wir hatten blos preußisches Geld, und dieses sollte nach seiner Einrichtung forthin in Frankreich folgenden Werth haben:

der Friedrichsd'or — 22 Livres,
der ganze Thaler — 4 Livres,
der Groschen — 3 Sous 4 Déniers,
der Böhm — 2 S. — 8 D. —
der Sechser — 1 S. — 10 D. —

dieser Tarif wurde gedruckt deutsch und französisch, und aller Orten angeschlagen.

Man sieht, daß man das Livre gerade zu 6 Groschen gerechnet hat: denn 4 Livres machen einen preußischen Thaler. Nun gebe man Acht! 24 Livres machen einen französischen neuen Louisd'or: dieser gilt aber in Leipzig und in Berlin gerade einen Thaler mehr

mehr, als die preußischen oder sächsischen Louisd'or: also muß auch der französische Louisd'or nach des Hn. Grafen Tarif 4 Livres mehr gelten, als der preußische; dieser aber müßte dann 20 und nicht 22 Livres betragen: das ist, dünkt mich, sonnenklar.

Eben so muß man das andre Geld berechnen. Wenn die französischen Louisd'or mit den preußischen gleiches Agio haben — wie dieses in Berlin und an mehrern Orten der Fall ist — so kann man das Agio weglassen, oder hinzusetzen: und die Rechnung muß richtig bleiben, daß der Louisd'or nicht 22, sondern nur 20 Livres gilt. Man hat nicht das gleiche Agio berechnet, und den französischen Louisd'or gerade zu 6 Thalern, den preußischen aber zu 5 Rthlr. 12 Groschen angesetzt. Allein da alle Kaufleute klagen, daß man am französischen

schen Gelde verliere, wenn man es in Sachsen oder Preußen ausgiebt, so müßte man die Rechnung nach Reichsgulden anstellen, wo dann die französischen Louisd'or 11 Gulden 3 Batzen; die preußische aber nur 9 Gulden betragen würde.

Die Franzosen liessen sich diesen Münzfuß zwar gefallen, nahmen auch unser Geld, um aber nichts einzubüßen, erhöheten sie, wie billig, den Werth ihrer Waaren.

Ich weiß auch, daß die Leute geglaubt haben, nach unserm Abzuge würde das preußische Geld nicht mehr gelten, und sahen es daher nicht einmal gern, wenn man damit bezahlen wollte. Allein in dieser Rücksicht hätten sie sich beruhigen können: denn ich weiß, daß man sogar in Chalons und anderswo, wo keine Preussen gewesen sind, doch das preußische Geld gern

gern genommen hat. Und ich bin versichert, daß noch nach vielen Jahren unsre Münze in Frankreich kursiren wird, so wie im Reiche die französische.

Neunter Brief.

Um mich nach dem jetzigen Zustande der Gelehrsamkeit in Frankreich zu erkundigen, sprach ich in Verdun zwey geistliche Herren, wovon der eine ein Abbee war. Ich erkundigte mich zuerst nach dem neuern Schulwesen, das jetzt Sache der Nation geworden ist, und hörte viel, was mich befriedigte. — Unsre Herren Philologen würden es übel nehmen, wenn ich den Franzosen gründliche Litteratur zuschreiben wollte. Franzosen sind keine Engländer, Holländer oder Deutsche. — Das Latein wird

wird wenig getrieben. Lateinisch reden, und schreiben ist ganz aus der Mode gekommen, sagte der Herr Abbee. Seit der Revolution hat man die Pedanterey mit dem todten Sprachwesen abgeschaft. Die Geistlichen werden das Latein bald auch entbehren können; denn das Brevier hat seinen Abschied bekommen. Sie haben jetzt etwas reelleres zu thun. Die Revolution hat überhaupt alle alte Schul-Gelehrsamkeit verdrängt, wie vor 150 Jahren in England, wo auch auf einmal alles Lateinlehren ein Ende hatte, als Carl I. seinen Kopf verlohr. Ein Volk, das vom Geist des Aufstandes beseelt wird, hat unmöglich die sclavische Geduld, die zu ernsthaften, schwerfälligen Grübeleyen und Wissenschaften erfodert wird, und besonders ist das Sprachstudium keine Sache für dasselbe: Hiezu wird mehr Ruhe

M und

und Muße erfodert, als ein solches Volk darauf verwenden kann. Und was kümmert uns das längst Vergangene, wenn das Gegenwärtige unsere ganze Aufmerksamkeit hinreißt!

Die größten Männer der Nation sind keine eigentlichen Gelehrte. Eben so war es vor Zeiten zu Rom, wo das, was eigentlich gelehrt hieß, nur als Nebenwerk angesehen ward. Philosophie im System, Mythologie — eins der schwersten und weitläuftigsten Studien im Alterthum — Geschichte, Astronomie, Physik im Sinne der Alten und andere Wissenschaften von der Art galten eben nicht viel bey den Römern: höher achteten sie die Gymnastik, die bürgerliche Beredsamkeit, die Kenntniß des Vaterlands und der vaterländischen Gesetze, die Kriegskunst, den Ackerbau,

bau, die Oekonomie, und was hierauf zunächst Bezug hatte.

Jene macula Eloquentiae, welche Cicero an den Gracchen rühmte, welche ehemals Wunder hervorbrachte, blüht jetzt auch in Frankreich wieder auf: eine Beredsamkeit, die nicht in den Schulen aus Büchern, sondern im geschäftigen Leben aus dringenden Angelegenheiten erkennt und geschöpft wird. Wer bewundert nicht die vielen männlichen Reden, die von Mirabeau an, bis auf Roland in der Nationalversammlung öffentlich gehalten sind! Einige sind des Demosthenes und des Ciceros würdig. Diese, chrestomatisch gesammelt, könnten den Philippischen Reden zur Seite erscheinen. Wer dereinst dem Zetergeschrey der blutdürstigen Buben Egalite', Marat's, Penthion's und Robertspierre's fluchen wird,

wird dem edeln Ausgusse patriotischer Gesinnungen eines Rolands und seines Gleichen Trophäen errichten. —

Die französische Sprache gewinnt jetzt auch an Zuwachs, und fängt an, ihren eignen Gang zu nehmen. Die Akademie hört auf, ihr Fesseln anzulegen: jeder formt sie nach seinem Genie; und, um die Aechtheit eines Ausdrucks zu erfahren, frägt man nicht mehr, ob ihn auch die Dames de bel air gebrauchen, und ob er zu Versailles Mode ist? Die Neufranken sind Männer geworden, und ihre Sprache wird bald auch eine männliche seyn. — Das war der Hauptinhalt meiner Unterhaltung mit dem Herrn Abbee.

Ueber die Unkunde der meisten Franzosen in Dingen, die sie und ihr Land betrafen, äusserte er sich nicht uneben. — „Wer kannte — fragte er — vor der Revolution

volution sein Vaterland? Es lag der Regierung daran, daß wir es nicht kannten. Wir sollten mit unsern Kräften und dem Reichthum der Natur und der Kunst um uns herum unbekannt bleiben: wir sollten nicht scharfe Rechnung über das alles, und dessen Verwendung und Verbesserung fodern können. Kurz, wir und unser Vaterland sollten ein todtes Kapital für uns seyn und bleiben. Kein gemeinschaftliches Interesse verband uns damals, keine gemeinschaftliche Theilnahme an der öffentlichen Sache: was konnte uns bewegen, unser Vaterland kennen zu lernen, und uns von dessen Lage, Verhältniß, Producten und Betriebsamkeit zu unterrichten? Jetzt ist das geändert: jetzt sind wir Brüder: jetzt haben wir gleiche Stände, Rechte und Gesetze und das Vaterland gemeinschaftlich: jetzt sind wir als Bürger des

M 3   Staats

Staats alle Theilnehmer an der öffentlichen Sache und Regierung, und haben folglich das größte Interesse, uns um das Oertliche und Sachliche unsers Vaterlands zu bekümmern. Unnütz sind aber auch nunmehr die alten Geographien von Frankreich. Diese reden von Generalitäten, Provinzen und Hauptstädten — und wo giebt es hier Generalitäten, Provinzen und Hauptstädte? Sie erzählen uns von Sitten und Bewohnern — und diese sind jetzt nicht mehr dieselben. Wir hören von öffentlichen Denkmälern — sie existiren nicht mehr oder sie sind zu einem andern Gebrauch verwendet: auch hat die Freiheit anders geschaffen und ihnen den Character gegeben, welchen sie allen ihren Werken giebt. — Lesen Sie, fügte er hinzu, die Voyages dans les Departements

de

de la France; und Sie werden mir beystimmen." So weit der Herr Abbee!

Um diese Zeit verbreitete sich das Gerücht, der König von Frankreich wäre
entwischt, und in Chalons angekommen.
Dieses Gerücht fand Eingang, sogar im
Hauptquartier, und man war leichtgläu-
big genug, den unglücklichen König alle
Stunden im Lager zu erwarten. Ich wi-
dersprach aller Orten; aber umsonst: Ludwig mußte in Chalons seyn! In Verdün
glaubten die Bürger das Ding nicht: denn
diese waren besser von der wahren Lage ihres Königes unterrichtet, als wir.

Ein Patriot erschoß an einem Abend
einen preußischen Officier auf der Straße
zu Verdün. Man forschte dem Mörder
nach, aber der wahre Thäter wurde nicht
entdeckt. Man ergriff jedoch einen ver-
dächtigen Menschen, einen von der patrio-

M 4 tischen

tischen Armee oder von den Nationalgarden, und verurtheilte ihn zum Gassenlaufen, ob er gleich nicht überführt war. Das Urtheil aber ist nicht vollzogen worden — so viel mir bekannt ist.

Der Postmeister, welcher den König Ludwig auf seiner Flucht arretirt hatte, wurde von den Unsrigen eingezogen und zu Verdun gefangen hingesetzt. Er fand aber Gelegenheit, zu entwischen. Ein gleiches wiederfuhr dem Präsidenten der Districtsadministration zu Varenne, dem Hn. George. Er war noch kurz vorher Mitglied der gesetzgebenden Versammlung zu Paris gewesen. Dieser Mann verrieth viel Größe des Herzens und Gegenwart des Geistes. Er war zum voraus gewarnt worden, sich den Nachstellungen der Preußen, noch mehr aber denen der Emigrirten zu entziehen; aber vergebens. Sei-

nem

‒nem Poſten getreu, begiebt er ſich aufs Varenner Rathhaus, trotz der Bitte ſeiner Frau und Mitbürger, für ſeine Sicherheit ſorgen zu wollen. Kaum iſt er da, ſo wird er auf Bouille's Befehl aufgehoben und einem preußiſchen Officier zur Begleitung nach Verdün übergeben. Es läßt ſich denken, daß der feurige Contrerevolutioniſt Bouille ſeinen Arreſtanten nicht ſanft behandelt habe. Nach ſeiner Anordnung würde der bejahrte Gefangne zwiſchen zwey Pferden haben nach Verdün wandern müſſen, wenn der preußiſche Officier nicht das Mitleid gehabt hätte, ihn einen Gewehrkarren beſteigen zu laſſen. Ich mag Bouille's Neckereyen nicht alle anführen: genug er muß eine kleine, rachſüchtige Seele haben.

Als George dem Herzog in Verdün vorgeführt wurde, redete ihn dieſer in Ge‒

genwart *** iger Emigrirten mit den Worten an: *** da seyd Ihr ja, Hr. George, nach welchem wir getrachtet haben!

George. Wozu das? Man hat mich auf meinem *** sten gefunden!

Herzog. Ber*** tigter Jakobiner, Aushelfer des Pethion!

George. Ich kenne nur zwey Klassen von Bürgern, gute und schlechte, und bin stolz genug, mich zu den erstern zu rechnen.

Herzog. Ihr habt den Volontairs Geld gegeben, nicht wahr?

George. Ja! und wäre ich reicher gewesen — ich hätte mehr gethan.

Herzog. Wißt Ihr wohl, daß Euch das übel bekommen wird?

George. Von den Feinden meines Vaterlandes erwarte ich keine Wohlthat: ich weiß, daß sie auch die meinigen sind, u. s. w.

Wäh-

Während dieser Unterredung suchten die Emigrirten ihren Groll durch allerhand Neckereyen des entkräfteten Georges auszulassen, und hätten ihn gern mit ihren unvermerkt gespornten Pferden übern Haufen geritten. Dies erregte bei einigen Preußen Zeichen des Unwillens. Indeß George wurde abgeführt, saß vier Wochen nicht zum beßten, und wurde endlich gegen einen Sekretair von unserer Seite, der in französische Gefangenschaft gerathen war, wieder entlassen. Er nahm die Achtung und das Mitleid von vielen unserer Hauptleute mit, die ihn nebst mir mehr als einmal besucht und bewundert hatten. Männer von seiner Art waren unter dem Ludwigs-Kreuze selten.

Außer ihm, war die Verdüner Cidatelle voll von Kriegs- und andern Gefangenen. Ich hatte so mein Vergnügen, in müßi-

müßigen Stunden mich mit diesen Leuten zu unterhalten. Alle Gefangene vom französischen Militair rühmten ihren Dienst, und lobten die Anstalten, welche ihre Nation zur Behauptung ihrer Freiheit getroffen hätte. Sie bedauerten die Leichtgläubigkeit der Ausländer, die den fabelhaften Aussagen ihrer emigrirten Feinde über Mangel an vaterländischen Truppen, Generalen, Artillerie, Subordination u. dgl. Gehör gegeben hätten, und wünschten zur Schonung des Menschenbluts von beyden Seiten, daß eine traurige Erfahrung sie nicht vom Gegentheil überführen möchte. Man wüßte recht gut, daß nicht nur emigrirte Royalisten, sondern selbst auswärtige Höfe Factionen in Frankreich zu unterhalten suchten; allein man müsse nicht vergessen, daß die Volksklasse die Wohlthat des aufgehobenen despotischen

Drucks

Drucks noch zu frisch und zu lebhaft fühle, um bei herannahender Gefahr nicht gern alles aufzubiethen, um den Factionen und jedem Feinde ihrer Freiheit Gut und Blut entgegen zu setzen. Der Franzose wäre freilich an sich sehr wankelbar, aber der einmal entfesselte Mensch in ihm wäre auch, wenn jetzt Noth ihn wiegele, des heroischen Enthusiasmus fähig: und in diesem Zustande brauchte es nur einer Minute, um ihren Feinden noch fürchterlicher zu werden, als je. — Rußland, vermuthete man, lenke das ganze Unternehmen wider Frankreich, um Oestreich und Preußen an Mannschaft und Schatz zu erschöpfen, und dann sich über beide Mächte hinauszuschwingen. Es würde vielleicht sogar von der einen Seite etwas fahren lassen, um es hernach von einer andern mit doppeltem Ersatz zurückzunehmen,

men. — Man begienge im Auslande die Unbilligkeit, die Sache ihrer Nation mit der Sache einiger Frevler und Factionisten unter derselben zu verwechseln. Ihre Hauptsache wäre die Sache der gesammten Menschheit, und es wäre daher sehr zu bedauren, daß man sich durch die Kunstgriffe derer wider sie aufhetzen ließe, deren Interesse es erforderte, die Völker erst zu blenden, um sie hernach desto zuchtmeisterlicher zu geißeln. Manches Kind lachte auch über das Ruthenbinden für andere, und hätte hintendrein nicht selten das Unglück, ihre Schärfe selbst zu empfinden. — Lächerlich wäre es immer, ihrer Nation, mit dem Minister-Sklaven, dem feilen Burke, etwas zur Last zu legen, was die größten Monarchen von jeher praktisirt hätten, nämlich Landesverfassungen umzuändern, so bald dieses

mit

mit größern Vortheilen für sie verbunden war. Wer kennt nicht, war die Frage, die sonderbaren Gründe, welche man von jeher hierzu vorgab! Politisches Gleichgewicht, oder die Sicherheitsstellung ihrer Grenzen war gewöhnlich ihr Hauptthema dazu. Wollen die Neufranken nicht jetzt das Nämliche? politisches Gleichgewicht ihrer Stände, und dieß in ihrem eignen Gebiethe, nicht in der Türkey, nicht in Polen? O über den Burke und seinen Vor- und Nachtrab unter den Großen und deren Anhängern! Die Franzosen thun etwas, wozu die Natur ihre Sache sie berechtiget, und man nennt sie Rebellen: Die Machthaber der Völker thun etwas, wozu sie das Uebergewicht der Waffen haben, und man nennt sie Helden. O Völker, o Augen, o Menschenverstand! — Auf meine Frage, nach der Stärke ihrer Armee, war die Antwort:

sie wisse man nicht: man könnte eigentlich nicht sagen, wie viel Franzosen überhaupt Waffen-tragen könnten: jeder Bürger sey dazu verpflichtet, wie in der Schweiz, u. s. w.

Die Magazine der französischen Besatzung zu Verdün waren vortreflich versehen: Heu, Hafer, Stroh, Mehl, Zwieback, Oehl, Speck, Erbsen, Reis, kurz, alles, was zur Versorgung einer starken Garnison gehört, war hier im Ueberfluß. Die Preußen öfneten diese Magazine, und nahmen heraus, was sie brauchten. Daß es dabey oft sehr anomalisch zugieng, versteht sich von selbst, eben so auch, daß vieles verschüttet und verdorben wurde. Ich selbst habe gesehen, daß man mehrere Ohmen Wein in den Sand laufen ließ. Einiges von Wein, Branntewein, Weineßig, Speck u. dgl. wurde unter die Armee ausgetheilt.

In

In dem Kloster auf der Citadelle fand ich eine Menge Bilder des heiligen Donatus mit einem Gebete an diesen Heiligen wider das Gewitter. Die Bilder, hieß es vorzeiten, hätten ein wunderthätiges Gnadenbild des Heiligen angerührt, und besäßen von daher die Kraft, Gewitter abzuhalten. Ich nahm also diese papiernen Blitzableiter mit in die Stadt; aber man lachte darüber, als über Fratzen. In Trier hätte man Geld dafür haben können!

Ich habe schon gesagt, daß es in Verdün sehr hübsches Frauenzimmer giebt. Unter diesem glänzte besonders eine Kaufmannsfrau, die für eine vollkommene Schönheit gelten konnte. Um dieses magnetische Geschöpf schwärmten die jungen Officierchen herum, wie die Bienen um die Kirschblüthe. Sie mußten aber bald abziehen, da gewisse Herren, mit sehr hohen Titeln, anfiengen die schöne Danae zu frequentiren. Wie weit diese Herren es in der ästhetischen Gleichheit der Stände bey Ihr gebracht haben, kann ich nicht sagen: sie hatte aber sehr viel preußisches — Gold. Die Frau eines Posamentirers willfahrte Herren von minderm Gewichte: eine schöne andre Kaufmannsfrau war in der Liebe sogar republikanisch. Das waren denn Ausnahmen vom Obigen!

Im Lager bey Verdün war der Mangel an Lebensmitteln bey weitem so groß nicht, als nachher in Frankreich. Der Preis derselben war auch so halb und halb. Die Marketender, meist Juden, fanden Mittel, allerhand Mundvorrath aus den eroberten Magazinen für ein Spottgeld einzukaufen, und ihn hernach wieder mit starkem Profit an die Soldaten anzubringen. Bis dahin war es also für uns noch erträglich, aber diese Tage waren auch die letzten erträglichen, die wir in Frank-

reich

reich für diesmal erlebt haben: denn nachdem wir von Verdün aufgebrochen sind, hat uns unbeschreibliches Elend und Unglück verfolgt, wie die Fortsetzung dieser Nachrichten beweisen wird.

Das Bündniß unseres Königes mit Oestreich veranlaßte allerhand Kannengießereien, wovon ich eine sehr politische anführen will. Es hieß: der Kaiser könnte schon für sich die Franzosen zu Paaren treiben; alsdann aber würde er Provinzen von Frankreich abreißen und dadurch viel zu mächtig für uns werden. Um dieß zu verhindern, habe unser König sich mit ihm verbündet. Frankreich müßte auf jeden Fall Provinzen verlieren, um die Kriegskosten zu ersetzen: von Elsaß und Lothringen wäre das schon ausgemacht. Und wenn dieß nun geschähe, so müßte Preußen jetzt auch bedacht werden. So räsonnirten Männer, welche tiefe Einsicht

sicht in die Politick haben wollten, und spotteten über die Grenz-Festungen von Frankreich. —

„Dies Spotten gieng aber bald in Furcht über, als man von den Folgen hörte, welche unser Manifest erst in Paris und hernach in ganz Frankreich gehabt hatte. Nun sah man deutlich, daß die Neufranken und die Saud; das nicht waren, wofür man beide, nach der Schilderung der Emigrirten gehalten hatte. Gewisse zurechtweisende Aufsätze im Moniteur trugen zur Vermehrung unserer Furcht und zu etwas mehr Nachsinnen und Ueberlegen viel bey. Man soll sie zu seiner Zeit kennen lernen. Ich übergehe die beißenden Bemerkungen der Pariser über unser Manifest, die von der Art waren, daß sie von Mund zu Mund weiter giengen, und uns nicht viel Gutes erwarten ließen.

Zu

Zu gleicher Zeit erfuhren wir mit Gewißheit, daß La Fayette und sein Anhang die französische Armee, die ohnweit Chalons verschanzt stehen sollte, verlassen habe, und von den Oestreichern aufgehoben und als Gefangner in Verhaft gebracht sey. Dieser Vorfall gab wieder etwas Muth und Hofnung; aber nicht lange. Unsere gemeinen Soldaten fragten schon einander: wie weit wir noch bis Paris hätten? Sogar berathschlagten viele von den Officieren, wie sie sich in Paris divertiren, und für ihre bisherigen Strapazen schadlos zu halten suchen wollten. Viele sprachen wie entzückt von den Vergnügungen im Palais Royal! Unsere alten Krieger machten aber hierbey die Bemerkung, daß es unsern Leuten jetzt gienge, wie den Franzosen im siebenjährigen Kriege: diese hätten auch bei jeder Gelegenheit gefragt: „Wie viel hat-

hat sich noch nach Verleng? Wie viel hat sich noch nach Magdeburg?" —

Bey einer besondern Gelegenheit erfuhr ich von einem Franzosen, daß die Patrioten in seinem Vaterlande unsern König le grand Roi des Ulans, den großen König der Wanen betitelten. Il n'est pas son père, pflegten sie auch zu sagen: sie meynten nämlich, er sey Friedrichs des Zweyten Sohn. — Die Franzosen sind beynahe durchgängig schlechte Genealogisten, wie sie schlechte Geographen sind. —

Ehe wir von Verdün aufbrachen, lagen von den meisten Regimentern schon zwey bis dreyhundert Mann im Lazarethe. Man rechne nun so durch die ganze Armee, und bedenke die ungeheure Menge der Kranken! — Diese traurige Saite muß ich leider noch oft berühren. Und doch wollten wir nach Paris! —

Ende des ersten Packs.